Un scandale d'Etat, oui !
Mais pas celui
qu'ils vous racontent

Du même auteur

Gagner, Robert Laffont, 1986 ; Le Livre de poche, 1987.
De l'énergie pour l'Europe, Editions radicales, 1994.
Librement, Plon, 1998 ; Pocket, 1999.
Des yeux trop grands, Plon, 2000 ; Editions de la Seine, 2002.

Bernard Tapie

Un scandale d'Etat, oui !
Mais pas celui qu'ils vous racontent

PLON
www.plon.fr

ISBN : 978-2-259-22155-9

Préambule

Le calme avant la tempête

On appelle œil du cyclone cette zone située au centre des vents enroulés et où règne, avant le déclenchement des grands ouragans, un calme trompeur.

A la fin de l'été 2012, je suis, sans le savoir, dans l'œil du cyclone. Les vacances se terminent, l'affaire Crédit Lyonnais est derrière moi, j'étudie la possibilité d'achat d'un groupe de presse, tout va bien. Et puis, le jeudi 24 janvier, c'est le coup de tonnerre : mon domicile est perquisitionné. Celui de Christine Lagarde va l'être peu de temps après, ainsi que celui de Claude Guéant. Sans oublier les appartements des trois juges arbitraux et les cabinets des avocats.

C'est reparti pour un tour.

Une fois de plus, je vais me battre. Comme d'habitude.

Les échéances électorales les plus importantes, la présidentielle et les élections législatives, sont passées. Pour le scrutin majeur, j'ai pris publiquement position pour Nicolas Sarkozy, comme je l'avais fait en 2007, et pour des raisons similaires. La France traverse, comme tous les pays d'Europe, une zone de graves turbulences économiques et sociales. Il m'a donc semblé qu'elle avait besoin d'un capitaine pour gros temps, d'un président de crise. Je suis bien loin d'avoir approuvé toutes les mesures prises par la majorité entre 2007 et 2012, mais face à ce bilan nécessairement mitigé, il fallait faire un choix, et je l'ai fait. J'aurais pu le garder pour moi, par prudence, par souci de ma propre sécurité. D'autant qu'à cette époque Nicolas Sarkozy est à peine à plus de 40 % dans les sondages. Ce n'est pas mon tempérament. J'ai donc dit qui je soutenais et je me suis trouvé, de ce fait, pris dans les polémiques ayant marqué l'élection présidentielle. Après le vote, j'ai l'impression que ces polémiques sont épuisées et que les Français doivent réunir leurs énergies pour tenter de surmonter ensemble les difficultés qu'ils rencontrent. Je suis un légitimiste dans l'âme et je ne fais pas partie de ceux qui refont l'élection après l'élection. Je veux que mon pays gagne, quel qu'en soit le président. La prochaine élection présidentielle est en 2017…

J'ai même décidé d'y contribuer en écrivant un livre. Un livre dépassionné, sans colère, sans rancœur. Un livre pour indiquer, à la lumière de mon expérience personnelle, quel pourrait être le chemin, un chemin escarpé, difficile et nouveau, pour maîtriser l'avenir et découvrir un horizon plus calme. Plus que jamais, je me sens attaché, par mon origine populaire, par mon éducation, par toutes les vies que j'ai vécues dans l'entreprise, dans le sport ou dans la politique, à la gauche lorsqu'elle est synonyme de solidarité, de justice et de fraternité. Mais je suis à mille lieues de la gauche officielle, de la gauche académique, celle des dogmes et des idéologies, celle qui déclare la guerre à la finance, celle qui se donne l'entreprise comme ennemi, celle qui divise au lieu de rassembler. Car je suis, plus que jamais aussi, persuadé que seule une économie libérée des contraintes bureaucratiques, des critères de l'énarchie triomphante, de l'irresponsabilité de certains dirigeants patronaux, de la spéculation internationale et de l'omnipotence des banques, seule une économie du réel et du concret peut créer des richesses à partager et des emplois pour une jeunesse qui désespère. Mon expérience, que j'ai parfois payée au prix le plus élevé, m'autorise, me semble-t-il, à proposer quelques solutions et à montrer aux Français qu'ils ont mille raisons d'être optimistes, qu'ils ont des qualités et des atouts, et qu'il ne leur manque peut-être qu'une sorte d'aptitude collective au bonheur. Voilà, le mot est dit. Au milieu de toutes les difficultés, j'ai envie d'écrire un livre sur le bonheur.

En effet, quand un peuple souffre pour l'aider à surmonter les difficultés objectives soit en évitant la méthode Coué on lui trace des perspectives crédibles, on prend les mesures adaptées à cet objectif et, de ce fait, on lui redonne l'espoir. La France s'est sortie de situations bien plus difficiles car c'est un des peuples qui disposent d'un ressort, d'une imagination et d'une capacité d'adaptation face aux crises qui ont marqué leur histoire. L'autre solution, qui est privilégiée par ceux qu'on appelle les relais d'opinion, c'est de diffuser, en permanence, tout ce qui est de nature à faire savoir qu'il y a encore plus malheureux qu'eux. On les inscrit dans un processus très connu : rendre heureux du malheur des autres. Je refuse, pour ma part, de rejoindre ces marchands de malheur et de mauvaises nouvelles. C'était l'objet du livre que j'avais en préparation . « J'ai un truc à vous dire ». Ayant du temps et de la disponibilité d'esprit, j'ai profité de cette liberté pour tenter de nouvelles expériences. J'ai exploré le terrain du spectacle : cinéma, télévision, théâtre m'ont apporté des joies profondes. Peut-être parce que je les ai abordés avec décontraction, sans l'idée d'une trajectoire tendue vers des objectifs précis, vers des couronnements. Une démarche pleine de fantaisie, insoucieuse de la compétition féroce qui suppose quelquefois de piétiner des concurrents. Je n'ai pas de « plan de carrière ». Pas plus dans le monde artistique que dans les autres secteurs où j'ai évolué. Je laisse toujours sa part au hasard, je ne m'enferme pas. Les portes restent ouvertes pour toutes les aventures.

Mais enfin, à ce stade, je suis heureux et je pourrais me contenter de ce bonheur simple. Il est d'autant plus satisfaisant que mes proches apprécient ce calme retrouvé. Et ils s'y épanouissent.

Mes fils conduisent des entreprises où je reconnais le goût du risque et de l'innovation que j'éprouvais à mes débuts. Ils ont plus d'atouts que je n'en avais à leur âge ; ils ont plus de moyens ; ils peuvent profiter de mon aide et de mes conseils, après avoir, il est vrai, pâti de ma célébrité. Au total, ils réussissent très bien et me donnent beaucoup de fierté.

Une de mes filles a choisi un autre domaine. Elle a la passion des planches. Formée à Londres, dans une école où on ne distingue pas pour les séparer le théâtre, la chanson, la comédie musicale, le cinéma, elle a commencé à mettre son talent à l'épreuve de toutes ces disciplines. Et ma foi, elle aussi commence à enregistrer de beaux succès. Il lui arrive, car la jeunesse ne respecte rien, de me dire qu'elle commence à se faire un prénom… malgré son nom. Cette insolence m'amuse et je regarde son début de parcours avec une tendresse de père un peu gaga. Mon autre fille, pourtant tellement douée pour toutes les activités artistiques, s'est trouvée rapidement à choisir d'accompagner son mari professionnellement et d'élever ses deux enfants.

Dans cet environnement familial harmonieux, c'est sans doute le calme rayonnant de mon épouse qui m'éblouit le plus. Dominique a tout connu à mes côtés. Les années de vache maigre et puis la richesse. L'anonymat et puis la célébrité. Les petits rôles et puis les feux de la rampe. Le pouvoir et puis la ruine. Elle a éprouvé, ressenti dans son cœur, tous les symboles dont on m'a accablé : je représentais, à ce qu'on dit, la gauche de l'économie décomplexée ; l'instant d'après, je devenais l'emblème d'une époque honnie, vomie, détestée plus encore qu'elle n'avait été adorée. Mais pendant toutes ces années, au fil des succès comme dans les pires épreuves, elle n'a jamais failli, ne m'a jamais manqué. Elle pense, et elle a peut-être raison, que rien de ce qui m'est arrivé de malheureux n'aurait existé si je ne m'étais jamais mêlé de politique, si je n'étais jamais entré dans ce milieu d'une violence inouïe, dans cette caste sans foi ni loi, dans ce microcosme où tous les coups sont permis. Peut-être. En cette belle fin d'été 2012, elle a toutes les raisons d'être elle aussi apaisée. Je suis bien loin de la politique active, et elle peut donc penser que rien ne viendra troubler l'harmonie retrouvée.

Dans cette atmosphère de sérénité, il me reste bien une inquiétude, vague et diffuse. En juillet 2008, une sentence arbitrale a mis enfin un terme aux quinze années de procédure judiciaire au long desquelles une banque a tenté en vain mais par tous les moyens de dissimuler qu'elle m'avait trompé.

La Banque a tout fait pour échapper aux conséquences juridiques et financières des forfaits qu'elle a commis (mensonges, dissimulations, manœuvres de coulisses). La décision finale ne m'a que partiellement rendu justice (20 % d'après les experts) mais de guerre lasse j'ai accepté le principe d'un arbitrage : j'ai bel et bien été spolié par ceux-là même qui me traitaient de voleur. Le montant très partiel, très incomplet de mon indemnisation m'importe finalement assez peu. La vérité est prioritaire à mes yeux.

Le tribunal arbitral a confirmé l'analyse de la cour d'appel : la Banque m'a trahi.

Le montant de cette indemnisation, banal pour un litige bancaire important, commun en droit des affaires, ordinaire dans le champ commercial où l'arbitrage est la règle, ce montant-là a été l'objet de controverses en 2008. Aux yeux du public, il a paru très important, d'autant plus qu'il était mystérieux, les chiffres les plus fantaisistes circulant dans les médias. Mais au-delà de ces chiffres, les gens du peuple, les gens ordinaires, ceux qui m'ont témoigné leur sympathie et même leur affection dans les épreuves, ont une opinion simple : j'ai été volé par les « gros », les riches, les puissants, et à la fin, comme Cartouche ou Mandrin, je leur ai fait rendre gorge.

Cette opinion n'est évidemment pas partagée par mes ennemis de toujours. Elle n'est pas celle des rois d'une économie en faillite qui pensent qu'une banque a nécessairement raison et qu'un malotru qui est né pauvre – un Pierre Bérégovoy ou un Tapie – doit au moins rester calme et modeste quand il a eu la chance (on ne parle jamais de talent dans ces cas-là) de s'élever au-dessus de sa condition. Patrons désignés ou cooptés par leurs pairs, les puissants ne pouvaient donc pas s'accommoder de la prospérité toute relative qui m'avait été restituée. Ils m'avaient mis en faillite par proclamation, ils avaient décrété ma fin avec l'aide de quelques magistrats sans scrupules et ils ne comprenaient pas que le scénario ait une autre chute que celle qu'ils avaient écrite. Ils voulaient me voir mort et je bougeais encore. Au lieu de se résoudre à ma survie, plusieurs d'entre eux avaient tenté, dès 2008, de fabriquer un scandale là où il n'y avait eu que le strict rétablissement de l'équité.

Pour être bien franc, en 2012 comme en 2008, je me moquais un peu de leurs gesticulations.

Mais les milieux politiques ne m'avaient pas pardonné non plus. Une bonne partie de la droite continuait à me détester au motif que je ne respectais pas ses règles cardinales, celles du libéralisme effréné, celles du capitalisme irresponsable, celles de l'inégalité sociale présentée comme une fatalité, celles de la division artificielle d'une société caricaturée en guerre de tranchées. Une partie plus importante encore de la gauche ne parvenait pas à oublier qu'elle avait eu besoin de moi. Haro sur l'inclassable, l'imprévisible, l'immaîtrisable, le député des Bouches-du-Rhône vainqueur de la droite et de Le Pen, l'électron libre qui lui avait fait gagner les élections régionales de PACA, le ministre de François Mitterrand qui refusait de s'associer au prêchi-prêcha sur le droit d'inventaire, l'insolent qui, parti de rien, venu d'ailleurs, avait même osé rêver d'être un jour maire de Marseille. Qu'on en finisse une fois pour toutes avec cet empêcheur de gouverner en rond.

Ça pour la gauche, et pour la droite.

Il existe aussi, paraît-il, des centristes. Ils n'ont ni les bonnes idées de la gauche ni les bonnes inspirations de la droite. Ils se contentent d'emprunter les mauvaises manières des uns et des autres. Pour le reste, ils se regardent le nombril avec admiration et égrènent leurs vertus morales comme les chaisières – leur réservoir électoral – égrènent leurs chapelets. Ils sont par autoproclamation le vrai, le juste, le bien. Et, à leurs yeux mirauds, qui peut être plus contraire à ces grandes qualités que ce Tapie, cet énergumène, ce mal élevé, ce grossier personnage ? S'il faut des adjoints pour la chasse à courre, des rabatteurs et des piqueux, on peut toujours compter sur eux. Ils étaient donc particulièrement choqués par la décision d'arbitrage de 2008 qui pouvait se traduire d'une façon incompréhensible à leurs yeux : la morale n'était pas où ils l'avaient rangée.

Qu'ils soient centristes, politiciens de droite ou académiciens de gauche, tous avaient toujours instruit contre moi un procès qui leur était commun, celui de mon illégitimité. J'étais un chien dans un jeu de quilles, le manant qui prétend manger au château, le malpoli qui ne sait pas se tenir, le réfractaire aux codes qui ose mélanger les genres, le diable qui sort de sa boîte, le populiste qui a le tort d'être populaire, le mauvais citoyen qui proteste quand on enterre le civisme, le mauvais sujet qui prétend être autre chose qu'un objet.

Un de mes amis désigne mes défauts insupportables avec une référence littéraire, celle du roman *L'Oiseau bariolé*. Un oiseleur cruel, qui ressemble au destin, s'est amusé à peindre un corbeau de couleurs chatoyantes et bigarrées avant de le relâcher. Pour les autres corbeaux, bien noirs, bien tristes, bien semblables, l'intrus est insupportable. Question d'identité. Ils n'ont qu'une obsession, le tuer. C'est ainsi que tous les corbeaux sinistres de la politique auraient voulu me crever les yeux en 2008.

L'étonnante Mme Lagarde, qui était mise en cause par la presse, par la gauche et par Bayrou/de Courson, les duettistes du comique involontaire, avait d'ailleurs exprimé cette réprobation unanime de la classe politique à sa manière personnelle, une manière comme toujours assez franche, un peu coincée et somme toute attendrissante. Soupçonnée, à tort je le dis d'emblée, de m'avoir favorisé avant et après la décision d'arbitrage, elle avait eu pour se défendre cet argument stupéfiant : « Est-ce que j'ai une tête à être copine avec Bernard Tapie ?... » C'était une déclaration d'inimitié, le contraire d'une déclaration d'amour, et aussi une affirmation de classe : j'étais bien illégitime dans son milieu. Cette protestation m'avait plutôt amusé. J'étais prêt à voler à son secours en confirmant qu'elle n'était pas ma « copine », en revendiquant mes droits d'oiseau bariolé. Mais la querelle médiatico-politique contre Mme Lagarde s'était poursuivie. En réalité, c'était une autre cible qui était visée. En essayant d'atteindre l'ancienne ministre, devenue directrice générale du FMI pour les raisons que l'on connaît, c'était Nicolas Sarkozy qu'il s'agissait de toucher. N'ayant bénéficié d'aucun soutien de la ministre ni du Président, j'étais assez tranquille au milieu de l'agitation que tentaient de créer les socialistes Ayrault, Migaud, Cahuzac, les centristes déjà trop largement cités, les magistrats courbés mais soucieux de prouver leur indépendance contre l'évidence, et quelques journalistes qui se donnent, en investiguant dans les poubelles, des airs d'auxiliaires de justice et de redresseurs de torts. Je pensais que tout ce petit remue-ménage était motivé par l'élection présidentielle et que, ce cap dépassé, l'effervescence artificiellement créée retomberait tout naturellement, comme de la chantilly montée à l'énergie s'affaisse si elle n'est plus fouettée, comme il arrive au volume qu'on fabrique avec du vent.

Je l'ai dit, l'inquiétude que je conservais cependant était sourde et diffuse. Elle ne m'empêchait pas de dormir ni, pendant ce sommeil, de rêver à d'autres projets. C'était une de ces formes d'inquiétude dont on hérite comme d'un atavisme, sans doute une des traces, dans mon caractère, de l'éducation familiale. Pour dire le mot, c'était une inquiétude de pauvre. Mon père et ma mère nous avaient élevés ainsi, dans une sorte de vigilance permanente. Rien n'était jamais acquis, et surtout pas la richesse. Il ne fallait pas s'y endormir, pas même s'y assoupir, car un revers de fortune est vite arrivé. Nos parents et leurs parents avaient vécu au rythme d'une guerre par génération. Leur prudence expérimentée était devenue une culture. Que les Français et les Anglais occupent le canal de Suez ou que les Soviétiques envahissent Budapest, ma mère constituait aussitôt des stocks d'huile, de sucre, de café et de conserves. A tout hasard. Tel était encore mon état d'esprit en cette fin d'année 2012, alors que j'entendais, de façon lointaine et assourdie, de vagues bruits faits par de minables canons maladroitement braqués vers moi. A l'inverse de l'image souvent véhiculée par les médias du nouveau riche dispendieux, du bling-bling prodigue et vaniteux, j'amassais de l'huile et du café. On ne sait jamais. Et j'écrivais mon livre déjà bien avancé, doté d'un titre provisoire : « Et le bonheur, que diable !... »

Si j'ai eu la chance, la chance immense, de recevoir, à la naissance et dès l'enfance, cette aptitude personnelle au bonheur dont je veux faire un livre à l'usage des autres, il m'a manqué un autre don, celui de la sagesse. Quand je considère, autour de moi et depuis si longtemps, ces gens tranquilles, ces parents, ces instituteurs dévoués, ces artisans reproduisant sans cesse les gestes de leur métier, ces ouvriers fiers de leur savoir-faire, ces patrons attachés aux traditions séculaires de leur entreprise, ces personnes simples qui se satisfont d'un travail de jardinage, d'un repas entre amis, d'un loisir de bricolage, d'un match de football sans vedettes, sans tambour ni trompette, j'envie cette paix, cette tranquillité, cette capacité de jouir de chaque instant comme s'il devait durer toujours. Je n'ai pas cette égalité d'humeur, cette propension à me contenter de ce que j'ai, de ce que je sais, de ce que je fais.

De façon très résumée, je ne suis doué que pour la course au large.

Mes parents et mes maîtres d'école faisaient déjà le même constat dont ils ne savaient pas dire s'ils devaient s'en plaindre ou s'en réjouir : depuis toujours, je ne tiens pas en place. Il me faut bouger, remuer, avancer, inventer. Ce n'est pas une simple bougeotte, une maladie vénielle, mais un besoin vital. Les éditeurs très sympathiques et indulgents qui travaillent avec moi à mon projet de livre me le reprochent à leur manière : « Comment stabiliser un bouquin, s'il vous vient chaque jour une idée nouvelle et, pour vous-même, chaque semaine un projet nouveau ?... On n'en finira jamais. » Et c'est vrai que le livre, déjà deux ou trois fois écrit, doit être sans cette remanié.

*

Au début de l'automne 2012, j'ai en effet un nouveau projet. J'ai été contacté par les dirigeants du groupe Hersant Média pour participer à la reprise de quatre grands journaux du sud de la France : *Nice-Matin*, *Var-Matin*, *Corse-Matin* et *La Provence*. L'opportunité est magnifique. C'est d'abord une très belle opération économique qui m'est proposée. Si le pôle constitué par ces quatre quotidiens et quelques journaux d'outre-mer est lourdement endetté (environ 215 millions d'euros) et ne peut plus faire face aux charges de cette dette, les journaux de PACA et de la Corse demeurent des marques fantastiques. Ils ont un taux d'abonnés, donc une stabilité de diffusion presque garantie, exceptionnellement élevé dans la presse française. Et la législation protectrice des entreprises en difficulté et de leurs salariés, un dispositif que je connais bien pour l'avoir souvent utilisé par le passé, leur permet d'envisager, par accord avec les banques créancières, une réduction très importante de leur dette. L'affaire qu'on me propose est donc une affaire difficile, peut-être la plus difficile que j'ai eu à redresser, mais elle me passionne.

Les quatre journaux sont riches d'une histoire, d'une grande tradition, d'une vraie réputation de professionnalisme. Ces qualités leur ont attaché la fidélité des lecteurs qui se reconnaissent dans cette presse régionale tellement différente de la presse parisienne, de ses modes, de ses humeurs, de ses caprices et de ses prétentions. En France, la presse locale, celle qu'on appelle PQR (Presse Quotidienne Régionale), cultive les vertus que j'attribuais plus haut à ces artisans fiers de leur métier. Elle est d'autant plus modeste qu'elle sait tout devoir à ses lecteurs. Paradoxalement, l'obligation est encore plus grande pour les journaux lorsqu'ils sont en situation de monopole de fait, ce qui est le cas de trois des quatre journaux en cause. Le pouvoir que leur confère cette situation, celui d'une institution quasi officielle, doit être manié avec prudence et précaution. On peut pardonner à *Libération* ou au *Parisien* de se tromper ; ils ne s'en privent pas. Leurs lecteurs peuvent toujours aller voir ailleurs… Rien de tel dans la PQR. On y rapporte des faits avérés, des informations recoupées et des analyses de véritables experts. Et lorsqu'on y affirme une opinion (chaque journal régional a sa propre tradition), c'est après l'avoir scrupuleusement argumentée.

J'ai depuis toujours une véritable admiration pour la presse quotidienne régionale.

Pour moi, la possibilité d'intervenir dans ce secteur constitue également un magnifique défi. Je ne peux bien sûr m'abstenir de penser à Gaston Defferre qui a fusionné les deux principaux quotidiens de Marseille et de sa région, de rendre hommage à sa mémoire de combattant, et de saluer aussi l'opiniâtreté d'Edmonde Charles-Roux lorsqu'il s'est agi, contre mille manœuvres et manigances de bas étage, de préserver l'héritage de son mari. Il faudra en être digne. Mais l'autre partie du défi, c'est d'aller me confronter à un monde nouveau. J'ai connu et dirigé des entreprises de toutes tailles et de toutes sortes mais jamais aucune entreprise de presse. Je sais que, dans cette appellation, le mot presse est au moins aussi important que celui d'entreprise. Un journal ne peut évidemment survivre et prospérer s'il n'obéit pas aux lois économiques ordinaires qui sont celles de la rentabilité, de la productivité et de l'innovation permanente. Ces règles-là, je les connais. Mais je sais aussi que, dans un journal, il y a d'autres règles. Celles d'abord de la production intellectuelle qui est au-delà de la production industrielle. Quand on achète une entreprise, on n'achète pas ses salariés, on gagne simplement le droit de monter dans le même bateau qu'eux. C'est encore plus vrai pour un journal puisque tous ceux qui travaillent à l'information proprement dite ont le sentiment, assez fondé selon moi, que leur contribution est essentielle et que le capital de leur entreprise est donc humain avant d'être financier. Ils ont de leur indépendance une conception très farouche et sourcilleuse, et les pratiques observées dans la presse tendent au respect de cette vision exigeante. Il n'en va pas autrement pour tous ceux qui concourent à la fabrication industrielle du journal. Même si les techniques de production ont été totalement révolutionnées par l'informatique ou par l'impression ultra-rapide et simultanée de diverses éditions, la grande tradition du « labeur », celle des ouvriers du Livre, s'est maintenue. Comme au temps des typographes puisant dans la casse, à l'époque des correcteurs irréprochables relisant les morasses, à la manière des imprimeurs calant les machines Heidelberg, les ouvriers de presse et leur encadrement cultivent un orgueil presque aristocratique, celui des gens sans qui la transmission du savoir et de l'information ne pourrait pas s'opérer. Pour moi, le contact avec ces corporations exigeantes est plus qu'un défi, c'est un plaisir savouré par avance, l'impression de revenir à mon enfance, lorsque je voyais mon père, ajusteur de profession, partager avec ses copains la fierté d'appartenir au monde des ouvriers. J'ai envie de tout cela.

Mais rien de ce qui me concerne ne peut se faire simplement. Il paraît qu'on ne prête qu'aux riches. Je devrais donc être fier des ambitions qu'on m'attribue même lorsque ces supputations sont dépourvues de fondement. Pour les gens qui me détestent depuis si longtemps et qui m'avaient cru écarté de leur paysage, je commets une nouvelle incongruité. A les entendre, Tapie dans la presse, ce serait un peu comme Mme Boutin à la Gay Pride ou Franck Ribéry à l'Académie française. Une honte. C'est leur première indignation. De quoi je me mêle ?

Ils argumentent cette colère spontanée, ce refus réflexe par un soupçon aussi énorme que ridicule. J'aurais envisagé la reprise des journaux du Sud pour les mettre à ma main, pour les affecter au service de mes ambitions politiques. Voilà une idée tellement stupide qu'on ne devrait même pas être obligé de la commenter. Je m'y arrête quand même un instant. Qui peut penser, à part les ignorants ou les méchants (on est d'ailleurs souvent l'un et l'autre), qu'il serait possible d'imposer une ligne éditoriale commune à quatre journaux aussi différents et à huit départements aussi attachés à leurs identités respectives ? J'ai cité Gaston Defferre et c'est un bon exemple. N'a-t-il pas eu le souci de laisser vivre *La Marseillaise*, journal des communistes, même à l'époque où le PC était son principal adversaire ? Je pourrais citer Robert Hersant lui-même, le papivore si décrié, qu'on soupçonnait de vouloir mettre les rédactions à sa botte politique alors qu'il se désolait de voir certains journalistes lui donner des gages qu'il n'aurait jamais pensé à leur demander. Je citerai également mon ami Jean-Michel Baylet, président des radicaux de gauche mais aussi patron incontesté de *La Dépêche du Midi*, un des plus vieux et des plus grands journaux français. Et *La Dépêche* est un journal d'opinion, d'opinion d'ailleurs majoritaire dans *Le Midi républicain* progressiste. A la tête de son groupe de presse, J.-M. Baylet a-t-il un jour tenté de s'emparer de la mairie de Toulouse, prestigieuse plus encore que son journal, et centre géographique de son pouvoir ? Jamais. Jamais car il sait bien que le pouvoir de la presse comporte ses propres limites et qu'il n'y a que des déconvenues à attendre lorsqu'on confond les électeurs et les lecteurs.

Je ne me hasarderais sûrement pas à faire une telle confusion. C'est en effet l'essentiel du soupçon politique pesant sur moi lorsqu'il devient notoire que je m'intéresse aux journaux du groupe Hersant Média : je viserais, par la mainmise sur *La Provence*, la mairie de Marseille. On m'avait déjà accusé d'y penser quand je présidais, avec quelques réussites, l'Olympique de Marseille. Tout le monde avait oublié que Marcel Leclerc, un de mes prédécesseurs à la tête de l'OM, pourtant double vainqueur du Championnat de France et de la Coupe de France, avait tenté l'aventure politique et essuyé une terrible défaite (2 % aux élections municipales). Dans le cas nouveau qui m'occupe, chacun oublie aussi que si j'avais le projet de faire de *La Provence* une tribune politique, je n'en aurais pas le pouvoir. Car je sais qu'elle serait aussitôt freinée et même entravée par toute la rédaction du journal qui n'entend sûrement pas sacrifier son indépendance au profit d'un projet partisan. J'ai simplement la faiblesse (la vanité ?) de croire que je suis capable d'apporter de l'énergie aux quatre journaux car j'ai du goût et, je crois, de la créativité pour tout ce qui concerne l'événementiel. Et il y a, dans la grande région PACA comme en Corse, tant d'événements auxquels la presse pourrait et devrait être associée. Autour de l'OM bien sûr, mais aussi autour de l'OGC Nice en pleine résurrection, autour de la rivalité SC Bastia/AC Ajaccio, autour du RC Toulon et de son président flamboyant, autour des nageurs de Marseille ou de Nice, du RC Cannes Volley, et de tous les sportifs talentueux de la grande région. Mais le sport n'est pas seul à générer des grands événements. Marseille est devenu Capitale européenne de la culture dans l'indifférence quasi générale du reste de la France, tandis qu'Aix-en-Provence perdait, à cause de petites querelles personnelles, l'occasion de célébrer Albert Camus. Le pôle universitaire et de recherche Sophia Antipolis, la mémoire de Jean Giono, les commémorations de la fin de l'épopée napoléonienne, les recherches archéologiques en Méditerranée, le souvenir de Mistral, tous ces événements, ces lieux et ces personnalités sont autant de circonstances où la presse peut montrer comment l'avenir d'une région est aussi défini par son passé. Voilà ce que je veux faire avec ces journaux dans le respect de ceux qui les écrivent, de ceux qui les fabriquent et de ceux qui les lisent.

Mais on ne peut éteindre le soupçon au seul motif qu'il est stupide. Et je découvre, lors des négociations préparatoires à la reprise des titres du groupe Hersant, que le pouvoir socialiste est mobilisé contre moi. Peut-être pas tous les responsables. J'imagine, en tout cas je l'espère, que le président de la République et son Premier ministre ont d'autres chats à fouetter. Mais je trouve en travers de mon chemin M. Arnaud Montebourg, ministre du si mal nommé Redressement productif. Contre toute attente, le ministre tente de privilégier une solution de rachat par un groupe belge au détriment de l'alliance française que j'ai constituée avec Philippe Hersant. Malgré la présence, tout au long des discussions, de représentants très compétents du CIRI, l'organisme public très officiel chargé des restructurations industrielles,

M. Montebourg tentera, notamment en agissant sur les banques créancières et en leur demandant d'aider l'autre repreneur, de faire obstacle à mes projets. Il s'en est défendu ultérieurement mais un élu marseillais, M. Mennucci, a confié au *Monde* que M. Montebourg s'était dépensé tous azimuts pour m'empêcher de reprendre ces journaux.

Malgré ces difficultés, l'opération de reprise est bouclée avec l'accord de toutes les banques créancières en décembre 2012 et aussitôt approuvée par le tribunal de commerce. Cette approbation ne doit pas suffire, même si elle démontre la parfaite légalité du schéma mis en place, puisque le même M. Patrick Mennucci, réclame alors à cor et à cri l'ouverture d'une commission d'enquête parlementaire. Il fait mine, sans tromper personne, de ne pas s'intéresser à moi mais aux conditions, selon lui anormales et troublantes, dans lesquelles dix-sept banques ont pu renoncer aux trois quarts de leurs créances alors même que, paraît-il, Philippe Hersant mobilisait des disponibilités que le groupe Hersant Média disait ne pas avoir. Il ne sait pas qu'en droit GHM et Philippe Hersant sont des personnes différentes. Il ne sait pas non plus que le dispositif légal applicable aux entreprises en difficulté prévoit, sous le contrôle d'un administrateur judiciaire et, à la fin, du tribunal de commerce, la possibilité pour le repreneur de négocier une décote importante – quelquefois jusqu'à 90 % – des créances déclarées. Pour ceux qui les détiennent, en récupérer une partie est mieux que tout perdre. M. Mennucci ne sait rien de tout cela, et pourtant il s'égosille, sûr de son bon droit. Son énergie totalement inutile s'explique par le double fait qu'il est candidat déclaré à la mairie de Marseille, même s'il est seul à croire en ses chances, et que des sondages d'opinion, que je n'ai pas commandés, ont révélé que je conservais une popularité assez flatteuse dans la ville qu'il convoite.

Cette affaire de reprise des journaux a révélé que mes adversaires n'avaient pas désarmé. Mais elle est bouclée. L'essentiel du travail reste à faire dans le nouveau groupe de presse, et cette tâche est passionnante, je l'ai dit. Et ceux qui me manifestent leur hostilité depuis si longtemps – je pense en particulier à certains cadres socialistes marseillais qui ont souvent œuvré pour me faire perdre – en sont pour leurs frais.

Mais je vais les retrouver, forts d'une haine accrue, avec la remontée en puissance du fameux dossier Adidas. Les critiques formulées depuis 2008 contre la décision arbitrale rendue en ma faveur avaient fini par constituer une sorte de bruit de fond auquel je ne prêtais plus guère attention, et ceci pour plusieurs raisons. Les opposants se sont constitués en groupe que je vais appeler à mon tour, mais ça n'engage que moi bien sûr… « la bande organisée ».

Elle est composée de deux hommes politiques, de Courson et Bayrou, du soi-disant meilleur expert en arbitrage de France, M. Clay, on en parlera plus tard, d'un journaliste de Mediapart et, bien entendu, M. Peyrelevade. J'aurais l'occasion de vous parler d'eux mais leur action a été, en permanence, vouée à l'échec, quelle que soit la juridiction devant laquelle ils ont procédé à des recours, à des demandes d'annulation et même à des demandes formulées par l'intermédiaire de la Commission des finances de l'Assemblée nationale. Pour moi, le dossier était clos, et les attaques dirigées y compris contre Mme Lagarde – faut-il rappeler qu'elle n'est pas ma copine ? – étaient absurdes. D'une part, j'étais persuadé, par une connaissance intime du dossier, qu'elle n'aurait pas de peine à se soustraire aux attaques et à prouver sa bonne foi en montrant que la solution de l'arbitrage était de très loin la plus favorable aux intérêts de l'Etat. D'autre part, il me semblait que, si Nicolas Sarkozy était visé derrière Christine Lagarde, le résultat de l'élection présidentielle avait fait perdre leur intérêt à ces attaques. Je croyais la page tournée. Je me trompais.

En ce début de l'année 2013, l'affaire Adidas-Crédit Lyonnais repart comme un feu de forêt, un feu de paille selon moi. Chaque jour apporte son lot de pseudo-révélations, d'investigations journalistiques bidonnées, de secrets judiciaires déballés au grand jour. Bref, le parfait coup monté est en marche.

La justice n'était saisie que d'une « affaire Lagarde ». L'ex-ministre de l'Economie et des Finances avait-elle abusé de son pouvoir en autorisant la procédure d'arbitrage et en s'abstenant, au nom de l'Etat, de tout recours direct ou indirect contre la sentence arbitrale ? Ainsi circonscrite, l'affaire Lagarde ne me concernait plus. Et pourtant, on découvre qu'une instruction aurait été ouverte pour évaluer, près de cinq années après la décision, la régularité de l'arbitrage lui-même. Cette instruction est théoriquement ouverte contre X et, tout aussi théoriquement, elle doit être conduite à charge et à décharge.

Il y a bien longtemps que dans leur majorité les magistrats instructeurs n'observent plus ni ce principe d'équilibre ni la présomption d'innocence. Il ne s'agit pas de rechercher la vérité mais d'aller à la pêche pour trouver des éléments pouvant prouver ce qu'ils cherchent à prouver. Est-ce que je n'aurais pas acheté ou circonvenu, d'une manière ou d'une autre, les trois personnalités ayant composé le tribunal arbitral ? Ce soupçon est en lui-même grotesque. Et si j'avais pesé sur la décision de Mme Lagarde par mes relations politiques ? L'idée est encore plus ridicule puisque l'ex-ministre a toujours répété qu'elle s'était prononcée en toute indépendance. Mais le président du CDR, le Consortium de réalisation (c'est-à-dire mon pire adversaire puisqu'il s'agit de la structure qui a hérité des dossiers litigieux du Crédit Lyonnais), n'aurait-il pas lui-même favorisé une décision allant contre les intérêts de sa société ? Cette supposition est encore plus loufoque puisque la justice a, au contraire, reproché à plusieurs reprises au CDR de s'accrocher contre toute évidence aux mensonges et aux fautes du Crédit Lyonnais. Et à la fin, est-ce que Nicolas Sarkozy lui-même ne serait pas intervenu auprès de sa ministre, auprès du CDR, auprès des juges arbitraux pour me dédommager du soutien politique que je lui avais apporté ? Et puis, allons-y, est-ce que je n'aurais pas renvoyé cet ascenseur en versant, grâce à une cagnotte aussi malhonnêtement récupérée, une contribution à la campagne 2012 du président sortant ? Ces interrogations-là sont, pour qui connaît bien le dossier, presque à mourir de rire puisque Nicolas Sarkozy, alors ministre du Budget de M. Balladur, s'est trouvé directement à l'origine de ma mise en faillite à la fin de 1994. Bien loin de m'aider, il a contribué à ma perte. Mais ces différentes accusations, même comiques, même surréalistes, vont produire un déferlement d'effets médiatico-judiciaires. Il faut dire que ma popularité à Marseille est très largement racontée, et figurez-vous que Nicolas Sarkozy redevient, par sondages interposés, un candidat crédible pour l'élection présidentielle de 2017. C'est dans ces conditions que M. Ayrault, accompagné de plusieurs députés socialistes, rentre à son tour en scène pour aider « la bande organisée » grâce au procureur général de la Cour de cassation, sur le point d'être en retraite.

On apprend un jour que le cabinet de mon avocat, Maurice Lantourne, a été perquisitionné, et aussi ceux des avocats du Consortium de réalisation. C'est une nouvelle méthode d'instruction, on perquisitionne presque systématiquement les bureaux des avocats. Ces derniers ont tenté d'encadrer ces perquisitions mais, petit à petit, la profession s'est laissé faire. Nouveau flash, nouvelle perquisition. Cette fois, c'est chez moi, et mon épouse se croit revenue vingt ans en arrière. Cela ne suffit pas. Magistrats et policiers se transportent chez les juges du tribunal arbitral. Apparemment, personne, au moins dans la presse, ne semble choqué qu'on aille fouiller chez un Pierre Mazeaud, un Jean-Denis Bredin ou un Pierre Estoup. Ce dernier est un ancien magistrat de haute réputation. Jean-Denis Bredin est académicien et avocat ; il est une des grandes consciences de la gauche. Mais surtout, Pierre Mazeaud est ancien président du Conseil constitutionnel, ancien ministre, ancien président de la Commission des lois, grand ami de Chirac et réputé très éloigné de Nicolas Sarkozy. En outre, cet ancien sportif de très haut niveau est connu pour son indépendance d'esprit et sa probité irréprochable. Qu'à tout cela ne tienne, perquisitions ! En faut-il un peu plus ? Le convoi policier et judiciaire se transporte chez

Claude Guéant, tenu aussi bien à l'Elysée qu'au ministère de l'Intérieur comme l'éminence grise de Nicolas Sarkozy. A force de chercher, on va bien finir par trouver. Evidemment, on ne trouve rien, mais chacune de ces perquisitions est présentée comme un nouvel élément à charge d'un dossier totalement vide.

Certains médias, comme à leur habitude, ont pris le relais des juges d'instruction qui, dans une belle manipulation librement consentie, ne sont pas avares de « confidences ». D'un côté, ça fait des scoops qui font vendre, et d'un autre côté, comme le disait si souvent Montgolfier, « ça affole la meute ». Et les titres des journaux dévoilent l'objectif. On soupçonnait Mme Lagarde. La pauvre passe désormais inaperçue. De bribes d'information en prétendues révélations, les journaux construisent ce qu'annonce la couverture des magazines : « La nouvelle affaire Tapie ». Il n'y a pas d'affaire et, s'il y en avait une, elle ne me concernerait pas. Dans tout le litige Adidas-Crédit Lyonnais, je rappelle que j'ai été trompé, abusé et déshonoré. A la fin, je n'ai récupéré qu'une partie de ce qui m'avait été dérobé. A ma place, n'importe qui serait présenté pour ce que je suis, une victime. Pas moi. Les médias ne me pardonnent pas d'avoir survécu à leurs attaques. C'est la nouvelle affaire Tapie. Le jour où j'irai déposer plainte pour un cambriolage, il se trouvera bien quelques organes de presse pour titrer : « Bernard Tapie de nouveau entendu par la police pour une affaire de vol »… Pour l'heure, la valse des annonces médiatiques continue. Un juge bordelais chargé d'instruire l'affaire dite Bettencourt a saisi les agendas de Nicolas Sarkozy. Très spontanément, il les transmet à ses collègues parisiens. Ils vont pouvoir vérifier que j'ai rencontré Nicolas Sarkozy. C'est vrai. Je l'ai vu de nombreuses fois, à peu près tous les deux mois, avant, pendant et après qu'il soit président de la République. Sans être intimes ou même proches, nous avons échangé. Sur l'Europe, sur les banlieues, sur la formation des jeunes, sur nos visions de l'entreprise, sur l'état de l'opinion, bref sur des sujets qui m'intéressent et où le président de la République voulait mon avis, même si ça n'était pas souvent le sien. Le seul fait que ces rendez-vous soient notés dans l'agenda présidentiel suffirait à une personne de bonne foi pour en déduire qu'ils n'étaient ni secrets ni incompatibles avec l'intérêt public. Au diable la bonne foi ! Tapie a vu Sarkozy, c'est donc une nouvelle affaire. Et le magazine *L'Express* du très vertueux M. Barbier peut titrer, comme s'il n'avait attendu que cette occasion : « Tapie-Sarkozy – Les liaisons dangereuses ». Ce grand titre, noir puisque c'est la couleur du deuil, du péché et du corbeau, est tapageur et racoleur. Qu'importe, M. Barbier sait qu'il vaut quelques milliers d'exemplaires supplémentaires vendus dans les kiosques.

Nous en sommes là lorsque je décide de ne plus subir sans répondre ces attaques qui se sont autrefois concentrées sur moi. Je vais riposter. Et j'y suis décidé par Arnaud Montebourg qui agit à mon encontre, directement ou par l'une de ses marionnettes, depuis trop longtemps. Le pétaradant ministre est reçu par Jean-Pierre Elkabbach et deux autres journalistes sur une chaîne d'information. On lui demande son avis sur cette étonnante résurgence de la pseudo-affaire. Il fait son bon apôtre : il n'a pas d'opinion ; il s'agit d'une affaire judiciaire en cours ; il ne donne jamais son avis dans ces cas-là. Elkabbach, qui n'est pas suspect de sympathie excessive à mon égard, lui demande s'il n'y aurait pas quand même un peu d'acharnement contre moi. C'en est trop. La pondération de Montebourg n'y résiste pas. Tout en répétant comme un jouet mécanique qu'il ne se prononcera pas, il estime qu'on ne peut pas parler d'acharnement car « M. Tapie a un casier judiciaire très chargé quand même... ». Ah bon ? D'où ce Montebourg tient-il cette certitude ? En fait de casier judiciaire, la France entière sait – comment l'ignorer ? – que j'ai été condamné dans l'affaire OM/VA. Et les Français savent que je n'ai été condamné que pour avoir voulu protéger mon club, ses dirigeants, ses joueurs et ses supporters dans une affaire où je n'avais aucune responsabilité personnelle. Ils ont même entendu M. de Montgolfier, grand accusateur dans ce dossier, dire dans l'émission de France 2 « Un jour, un destin » à M. Delahousse : « Tapie n'aurait pas dû aller en prison. » Le journaliste interloqué le relance : « Oui, les faits ne le méritaient pas. Mais Tapie… » J'en ai déduit qu'il devait y avoir dans le code pénal une clause spéciale Tapie ! Et pourtant ils savent que j'ai exécuté ma peine, sans indulgence particulière de l'institution judiciaire, une indulgence que je n'aurais d'ailleurs pas réclamée. Et surtout, les Français, qu'ils m'aiment ou ne m'aiment pas, n'ont jamais été dupes ; ils ont toujours compris que je n'avais pas été condamné pour un match de foot mais pour satisfaire ceux qui voulaient à tout prix m'éliminer du paysage politique.

Mais ce M. Montebourg, qui se prétend avocat alors qu'il n'est qu'un procureur, devrait se rappeler que les faits d'OM/VA ont vingt ans, que la fin de ma peine a plus de quinze ans, que cette condamnation ne figure donc plus depuis longtemps dans mon casier, et qu'il n'a pas le droit d'en faire état, ce que les ministres rappellent régulièrement à propos d'une condamnation plus récente infligée à M. Ayrault…

*

Quoi qu'il en soit, j'ai décidé d'abandonner la prudence qu'on m'avait conseillée. Le livre que j'avais écrit était, je l'ai dit, dépourvu de toute rancune et de toute colère. Sur l'avis de mes amis et de mes éditeurs, j'avais même choisi d'en retirer tous les développements pourtant assez neutres que je voulais consacrer au dossier Adidas-Crédit Lyonnais. Leur opinion à laquelle je m'étais rangé était qu'une instruction judiciaire étant ouverte contre Mme Lagarde, il était préférable d'attendre sa clôture pour livrer mon sentiment.

Je ne laisserai pas faire cette ignominie, pour la partie qui me concerne et qui seule m'intéresse. Je range donc, pour quelque temps, mon livre de prudence et de sagesse. Je veux dire, avec l'énergie de la colère retrouvée, ma vérité sur le Crédit Lyonnais, ses dirigeants et ses agissements. Je dirai ici comment cette banque a longtemps et largement profité de moi. Comment j'ai acquis la plus belle entreprise de ma vie, Adidas. Comment j'ai dû y renoncer au plus beau jour de ma vie, lorsque je suis devenu ministre. Comment j'ai chargé ma banque de vendre Adidas. Comment ma banque, par mille fraudes et artifices, a acheté en cachette et en violation de toutes les règles la société qu'elle était chargée de vendre. Comment elle a encaissé, par cette manœuvre, une plus-value aussi fabuleuse que frauduleuse. Comment les dirigeants du Lyonnais ont multiplié les procédures pour me mettre hors d'état de contester le résultat de leur action. Comment ils ont retardé indéfiniment la solution du litige. Comment, à la fin, justice m'a été rendue. Et comment ce résultat est aujourd'hui contesté par ceux qui s'associent ainsi à ceux qui m'avaient volé. Tout, je dirai tout. Et j'illustrerai les chapitres par une citation claire de l'un de mes adversaires ou de l'un des tribunaux, qui confirment les uns et les autres ma version.

C'est imprudent, me dit-on. Je vais réveiller de vieilles haines recuites et m'exposer à de nouvelles attaques. Peut-être. C'est un risque que je prends en toute connaissance de cause. Je n'aspirais qu'à la paix. On me déclare la guerre. Soit. Je vais me défendre, et attaquer à mon tour.

Première partie

ADIDAS, L'AFFAIRE DE MA VIE

1990-1993

1

LES TROP BONNES AFFAIRES DU LYONNAIS

Un partenariat ancien

Avant d'en arriver au conflit et aux innombrables procédures judiciaires que le Crédit Lyonnais m'a imposées, il m'a paru bon de rappeler que cette banque a réalisé, grâce à moi, des profits considérables.

Je n'apporte ces précisions que pour démentir l'idée que des pseudo-responsables ont bien installée dans l'esprit du public, idée selon laquelle je me serais, pour résumer, enrichi sur le dos des contribuables appelés à la fin à renflouer le Titanic qu'était devenu le Crédit Lyonnais.

A l'opposé de cette version largement répandue, c'est moi qui ai rapporté – volontairement dans un premier temps, à mon insu par la suite – énormément d'argent au Crédit Lyonnais, qui l'a avoué. Je n'ai été que partiellement remboursé de ce qui m'avait été dérobé. Mais dans tous les cas j'ai contribué à alléger, et non à aggraver, la charge que cette banque lamentablement gérée a fait peser sur les deniers publics.

Je veux donc rapporter d'abord ici quelles étaient mes relations avec le Crédit Lyonnais et ses filiales avant même notre litige.

> « La création de la Holding BTF, avec l'apport d'argent frais qui a été fait par les nouveaux associés, amènera probablement le groupe Bernard TAPIE à rembourser ses crédits, ce qui entraînera probablement une forte diminution des encours de la Banque. Il faut certainement ici saluer le succès de M. TAPIE qui n'était pas évident et qui vient calmer les inquiétudes manifestées auparavant par certains membres de la SDBO et néanmoins regretter, pour le rendement de la Banque, les conséquences de cette réussite, à savoir la diminution d'encours à des taux très rémunérateurs. On ne peut, hélas, avoir moins de risques et bénéficier des mêmes taux. »

Déclaration de Michel GALLOT,
président de la Société de Banque Occidentale
(SDBO, filiale du Crédit Lyonnais),
directeur général du Crédit Lyonnais,
rapport Tourin, avril 1995.

C'est peut-être le mot « hélas » qui est le plus révélateur dans cette citation. Nul besoin d'être spécialiste pour comprendre que voilà un banquier d'affaires qui regrette très ouvertement que la consolidation de la situation financière d'un de ses principaux clients ait pour conséquence de diminuer les profits de son établissement bancaire. Il le dit très explicitement : « Il faut [...] regretter, pour le rendement de la Banque, les conséquences de cette réussite ».

Mais c'est une histoire dont le détail mérite d'être raconté.

Des relations anciennes

Ayant exercé pendant sept années comme ingénieur-conseil (on disait alors « consultant »), j'avais acquis une certaine expérience des entreprises en difficulté et des causes, presque toujours les mêmes, de ces problèmes. Une constante parmi ces boîtes moribondes était quasi générale : mal gérées, elles détenaient presque toutes un réel savoir-faire technique souvent dû, il faut le souligner, à une ancienne tradition ouvrière où l'on est amoureux du travail bien fait.

Des canards boiteux qui marchent encore

Beaucoup d'entreprises en difficulté sont sauvables. Elles possèdent marque et savoir-faire. Il suffit de comprendre les raisons de leur chute et déterminer une stratégie de remise sur pied.

Je vais mettre au point une stratégie de reprise. Contrairement aux repreneurs chasseurs de primes et de subventions qui achetèrent à vil prix les boîtes en difficulté, nous cherchons le consensus avec les actionnaires, dirigeants et créanciers. Tout le monde y trouve son compte.

Je prends une option sur les actions et négocie le rachat du passif à des créanciers qui ne recevraient rien en cas de liquidation. Je lève les cautions des actionnaires et leur laisse une partie du capital. Je redresse l'entreprise et rembourse à 100 % le passif que j'ai racheté 20 ou 30 %. Je réinvestis le bénéfice pour améliorer la compétitivité et la productivité de l'entreprise, éventuellement pour remettre la marque à la mode, parfois même pour la faire changer de métier.

La clef du succès de ce système très citoyen est de trouver de nouveaux marchés, des produits innovants. C'était mon métier quand j'étais conseil, j'ai décidé de l'exercer pour moi-même. J'ai fait connaissance de Jean-Louis Borloo à l'occasion de conférences que je donnais aux élèves de 4e année de HEC dans le cadre de l'Institut supérieur des affaires en mai 1983. Il est devenu un de mes avocats, rapidement le plus doué. Un excellent avocat plus une banque SDBO, filiale du Crédit Lyonnais, très dynamique et très profitable, et mon expérience dans les entreprises en difficulté ont donné des résultats au-delà de toutes mes espérances. Chaque fois, le redressement a été possible en appliquant la règle des bons produits correspondant à un marché porteur, des équipes performantes, encadrées par les meilleurs (souvent pris à la concurrence), un système de communication moderne les impliquant dans l'événementiel ou le parrainage et une production contrôlée et réorganisée.

Wonder passe de la pile saline à la pile alcaline, puis à la pile sans mercure. Une campagne de pub performante (tout le monde s'en souvient). Look, qui fabrique des fixations de ski avec succès pour les sports d'hiver, va fabriquer des pédales de vélo avec les mêmes systèmes de sécurité, et Bernard Hinault et Greg LeMond sont là pour les crédibiliser en gagnant trois Tours de France à eux deux, etc.

Je dispose donc d'un excellent conseil juridique et je suis adossé à une banque, la SDBO filiale du Crédit Lyonnais, tout à fait satisfaite de nos premières coopérations.

Sans vouloir énumérer toutes ces entreprises redressées, je veux simplement retrouver ici un point essentiel : aucune de ces entreprises n'a été ultérieurement mise en faillite ou en liquidation. Aucune. J'insiste, car il se trouve (les statistiques du ministère de la Justice le démontrent) que moins de 10 %, – à cette époque c'était même moins de 7 % –, des entreprises ainsi placées dans le cadre de ce qu'on appelle une « procédure collective » survivent. Les miennes ont toutes survécu et certaines ont même bien prospéré entres les mains des groupes repreneurs.

Mon banquier aussi. Car il est évident que toutes ces opérations de redressement nécessitent de la trésorerie. Quelle que soit la qualité des accords trouvés avec les fournisseurs et les autres créanciers. La SDBO a joué son rôle en finançant un peu et en gagnant beaucoup. C'était la règle du jeu.

Quoi qu'il en soit, l'ensemble de ces opérations m'avait rapporté des profits, notamment lors des reventes. En 1987, la valeur de la holding Bernard Tapie Finances, maîtresse de mes différentes participations industrielles, passait en une seule année de 350 à 615 millions de francs ; sa valeur était fixée à 700 millions en 1989.

Du point de vue d'un banquier, j'étais donc ce qu'on appelle un bon client. Et je l'étais d'autant plus que j'avais tenu à conduire mes affaires dans un cadre juridique garantissant mon engagement et ma responsabilité personnels.

Les cadres juridiques vus par les banquiers

De 1978 à 1986, mes différentes activités, participations et propriétés étaient regroupées dans deux sociétés de type holding. La première, FIBT, regroupait mes éléments de patrimoine. La seconde, GBT, réunissait mes activités industrielles.

Ces deux entités, détenues dans leur intégralité par mon épouse et moi-même, avaient la particularité, inhabituelle dans les milieux d'affaires, d'être organisées sous la forme de sociétés en nom collectif, ce qui correspond très exactement à ma conception de l'entreprise et des activités économiques : quand les affaires sont florissantes, celui qui en a pris le risque doit en percevoir les profits, dans les limites bien sûr des obligations légales, notamment fiscales ; mais lorsqu'une entreprise tourne mal, si elle va vers la déconfiture, si elle risque d'entraîner dans ses difficultés salariés, fournisseurs et banquiers, il est normal que l'entrepreneur réponde de sa responsabilité avec l'intégralité de son patrimoine. Je déteste presque viscéralement la notion de « responsabilité limitée » (qui a d'ailleurs contaminé l'ensemble de notre société bien au-delà du domaine économique). Et j'ai vu trop de fortunes, y compris celles de personnes très respectées à défaut d'être respectables, élaborées, à coups de dépôts de bilan bien orchestrés, sur la ruine de tous les partenaires d'entrepreneurs sans scrupules.

Telle était donc ma conception de ma propre responsabilité et je m'y suis tenu pendant près de dix ans. Cette implication totale m'a permis de gagner la confiance des syndicats et d'obtenir les financements bancaires ainsi garantis sur tout mon patrimoine.

Du point de vue de mon banquier, en l'occurrence le Crédit Lyonnais et la SDBO, l'organisation de mon groupe en deux SNC ne correspondait plus aux nécessités de sa croissance. Pour eux, je devais adopter la forme d'une société anonyme qui permettait d'attirer des capitaux extérieurs. La Banque nourrissait déjà le projet d'entrer au capital de mon groupe et de peser sur ses orientations.

De fait et sur leur conseil, j'ai accepté de créer, en 1987, à partir de GBT, la SA BTF (pour Bernard Tapie Finances) et de l'introduire en Bourse en 1989, et ce afin d'envisager des acquisitions d'entreprises plus importantes.

Cotée au second marché, la société BTF était détenue pour 57 % par ma société GBT (qui elle demeurait une SNC, ce qui permettrait plus tard à mes banquiers de rechercher et d'obtenir ma faillite personnelle), pour 33 % par ce qu'on appelle des

« investisseurs institutionnels » (en l'espèce, les assurances AGF, la banque Worms et la SDBO, ma banque, qui considérait donc à cette époque mes affaires comme suffisamment prospères pour qu'elle y prenne des actions) et enfin pour 10 % par le public, autrement dit des petits actionnaires intéressés par le profit que mes activités économiques leur permettaient d'espérer.

Aujourd'hui, je peux bien sûr regretter d'avoir accepté ce montage juridique puisque c'est lui qui a permis à ma banque de me dépouiller ultérieurement. Mais à cette époque, j'avais toutes les raisons de penser que mes banquiers me conseillaient dans le sens de mon intérêt, qui était aussi le leur.

Les profits de la Banque

C'est dans ce nouveau cadre que doivent être appréciés les propos de M. Gallot que j'ai placés au début de ce chapitre.

La nouvelle capitalisation de mon groupe lors de la création de la SA BTF puis de son introduction en Bourse donnait à mes activités une assise financière plus large et me permettait donc à la fois d'autofinancer mes éventuelles nouvelles acquisitions ou les pertes d'exploitation pendant la durée des restructurations et, en cas de besoin, de trouver des concours extérieurs bancaires à des taux moins élevés.

C'est bien ce qu'exprimait assez crûment le président de la SDBO en indiquant : « On ne peut, hélas, avoir moins de risques et bénéficier des mêmes taux ». M. Gallot, qui se croyait obligé « de regretter, pour le rendement de la Banque », les conséquences de ma réussite, déplorait en somme de ne plus courir aucun risque et de ne plus pouvoir exiger les intérêts de prêts à risque… Je n'ai jamais soupçonné pour ma part que cette attitude (vouloir le beurre et l'argent du beurre) pouvait être celle d'un banquier partenaire avec qui je croyais entretenir des relations de confiance réciproque fondées en particulier sur les profits que le groupe Crédit Lyonnais avait réalisés en accompagnant la croissance de mes activités depuis dix-huit ans.

Ces profits ont en effet été énormes, même après la création de la SA BTF qui aurait dû être, d'après M. Gallot lui-même, un facteur d'abaissement des taux d'intérêt et donc des bénéfices de la Banque. Ainsi M. Tourin, expert désigné par le tribunal de commerce de Paris dès l'origine de mon conflit avec le Crédit Lyonnais, a-t-il fixé, dans un rapport évidemment tout à fait indépendant, le montant total des agios que la SDBO m'a fait payer. Pour les seules années allant de 1986 à 1993, la Banque a calculé et prélevé sur mon compte à ce titre la somme de 246 304 422 francs. A cette somme, déjà énorme, il faut ajouter que, dans la même période, la SDBO a perçu, pour plus de 100 millions de francs, des commissions sur les opérations d'achat et de vente dont je la chargeais. Encore ce chiffre extravagant ne comprend-il pas la commission de mandataire quand je lui ai demandé de vendre la société Adidas... ni les frais très élevés d'intervention qu'elle m'a facturés pour trouver, dans l'affaire Adidas, des pseudo-acheteurs n'étant que les faux-nez du Crédit Lyonnais.

Ce rappel des profits réalisés par la SDBO sur mon compte est fait ici avec deux objectifs. D'abord, je veux en finir avec la fable lancée par M. Peyrelevade, patron du Crédit Lyonnais à partir de 1993, et complaisamment relayée par mes adversaires politiques et par les médias, fable selon laquelle j'aurais coûté de l'argent au Crédit Lyonnais et donc aux contribuables qui ont été invités à le renflouer. C'est parfaitement faux. La SDBO et le Crédit Lyonnais ont réalisé grâce à moi – et sans même parler, à ce stade, de l'énorme arnaque par laquelle ils m'ont ruiné et se sont enrichis – de colossaux bénéfices.

J'ai contribué en réalité à alléger la note finale.

La deuxième raison de faire ce rappel tient au fait que je veuille expliquer l'a priori de confiance que j'éprouvais à l'égard d'une banque que j'avais contribué à développer de façon aussi importante.

On me trouvera peut-être naïf mais je n'aurais jamais imaginé qu'un partenaire bancaire aussi heureux dans son partenariat s'emploierait, malgré les succès et profits accumulés, à ruiner son client et à le discréditer totalement. Dans mon esprit, l'énorme manipulation montée par le Crédit Lyonnais au prix de nombreuses fraudes pour me dérober Adidas était proprement inimaginable.

2

ADIDAS, L'AFFAIRE DE MA VIE

Une acquisition magnifique suivie d'un redressement exceptionnel

« Je voudrais commencer par dire que cette affaire était extraordinaire dans le sens où Monsieur TAPIE avait acheté ADIDAS pour une somme extraordinairement faible par rapport à la valeur potentielle de la société. Dans le cas de Monsieur TAPIE, le dossier de 1990 était un excellent dossier bancaire, la meilleure preuve étant qu'il a été syndiqué auprès de 11 ou 13 banques sans aucun problème car les données fondamentales du problème étaient excellentes. A ce prix-là, les banques ne prenaient aucun risque. Accorder le crédit était une évidence. »

Déclaration de Michel Gallot,
Président de la Société de Banque Occidentale
(SDBO, filiale du Crédit Lyonnais),
Commission d'enquête parlementaire

« Bernard TAPIE et ses équipes avaient fait de l'excellent travail. Lorsque j'ai repris l'affaire, elle était à 80 % restructurée, c'est pourquoi j'ai décidé de poursuivre le plan dirigé par Gilberte BEAUX et de la conserver auprès de moi. »

Déclaration de Robert Louis-Dreyfus,
acheteur dissimulé par le portage frauduleux
du Crédit Lyonnais,
ultérieurement président
de l'Olympique de Marseille.

J'ai eu souvent l'occasion de dire, en évoquant ma passion de l'entreprise, que l'acquisition d'Adidas était en quelque sorte « *l'affaire de ma vie* ». Il s'agissait d'une entreprise de taille et de renommée mondiales et elle était sans commune mesure avec celles que j'avais déjà reprises avec succès. En résumé, je changeais de monde par cet achat, même si Adidas restait évidemment en rapport avec les activités que j'avais développées dans le domaine sportif.

Un des plus grands noms du sport

Adolf Dassler, fils d'un savetier bavarois, fonde en 1944 une fabrique de chaussures de sport qui est promise à un brillant avenir : elle va devenir l'un des plus beaux fleurons de l'industrie allemande. Dans la famille Dassler, on fabrique des chaussures de sport depuis 1920. Mais Adolf (dit Adi : c'est de la contraction de son prénom et de son nom que naît le patronyme de la prestigieuse marque) et son frère Rudolf font un véritable succès de l'entreprise paternelle. Le premier conçoit les chaussures et organise la fabrication, le second les vend à travers l'Allemagne. Dès l'arrivée de Hitler au pouvoir, les deux frères rejoignent le parti nazi. En 1936, aux jeux Olympiques de Berlin, l'athlète américain Jesse Owens remporte ses quatre médailles d'or, les pieds chaussés d'espadrilles faites de la main d'Adolf Dassler. Pendant la Seconde Guerre mondiale, les Dassler fournissent les bottes de la Wehrmacht. La paix revenue, les frères se séparent, mais la firme d'origine devient la première d'Allemagne, tandis que Rudolf crée la marque concurrente : Puma.

D'autres équilibres ont été trouvés aujourd'hui entre les principales firmes internationales spécialisées dans l'équipement sportif, Nike, Reebok et bien sûr Adidas. On peine donc à se rappeler quelle était la véritable situation d'Adidas lorsque je l'ai acquise, le 4 juillet 1990.

Je gardais, comme tous ceux qui avaient été adolescents au même âge et qui n'avaient aucune connaissance du passé d'Adidas, le souvenir des grands sacs de plastique blanc, sacs énormes siglés Adidas en lettres noires, que portaient les sportifs que nous admirions. Dans les années 1960, ce sac était en lui-même l'image des compétitions de haut niveau auxquelles nous aspirions ; c'était un magnifique symbole de réussite. Adidas, c'était aussi, par sa filiale Arena, le maillot de bain de Mark Spitz et de tous les plus grands nageurs du monde. Bref, vingt ans plus tôt, Adidas était tout simplement synonyme de victoire.

La marque représentait également la supériorité avérée du sport allemand, en particulier sur le sport français. Un footballeur anglais, Gary Lineker, a d'ailleurs résumé cette situation par une boutade : « Le football est un jeu très simple. Vingt-deux joueurs courent derrière un ballon pendant quatre-vingt-dix minutes et, à la fin, ce sont les Allemands qui gagnent. » Tous les amateurs de foot ont encore à l'esprit l'image extraordinaire de Franz Beckenbauer, « Kaiser Franz », allant jusqu'au bout du courage et de l'abnégation pour terminer, avec un bras cassé, un match de Coupe du monde. Ces jugements et ces images étaient en somme contenus dans le seul nom d'Adidas.

Mais Adidas n'était pas seulement porteuse de tous les symboles d'un sport puissant. C'était aussi une entreprise allemande. Et là encore, il s'agissait d'un monde différent. J'ai souvent dit que les Allemands, y compris lorsqu'ils en sont salariés, n'ont pas du tout le même regard que les Français sur leurs grandes marques, sur leurs grandes firmes : ils en sont fiers.

En procédant à l'achat d'Adidas, j'avais donc à cœur de relever le double défi que constituaient la prétendue supériorité du sport allemand et l'incapacité de la France à se hisser au niveau industriel de ses voisins.

Cette acquisition, par son poids symbolique, représentait pour moi bien plus qu'une simple étape dans mes aventures économiques.

Je le répète, il s'agissait de l'affaire d'une vie.

Quelques intuitions

Aussi grand qu'ait pu être le prestige d'Adidas, il n'aurait cependant pas suffi à m'attirer si je m'étais arrêté aux seuls chiffres financiers et à la seule perspective de rentabilité immédiate. Même auréolée de ses succès passés, Adidas était, à l'époque où je l'ai achetée, en très mauvaise forme économique. Elle perdait beaucoup d'argent (2 milliards pour 20 milliards de chiffre d'affaires). La banque Paribas, qui cherchait un acquéreur pour l'entreprise, n'en trouvait aucun. En réalité, elle était au bord du gouffre et n'était guère riche que de sa notoriété. Un financier se serait contenté de revendre le nom et les marques des filiales. Or Adidas méritait un vrai projet industriel.

Ma première intuition était celle de l'hypermédiatisation mondiale du sport. Ainsi, le Tour de France attire plus de 19 millions de téléspectateurs en France. Quant au Mondial de foot, il est regardé par 700 millions de téléspectateurs dans le monde...

La généralisation des moyens de la communication moderne allait évidemment transformer les grandes compétitions sportives en événements universels auxquels la planète entière (pays développés ou sous-développés pour une fois réunis) assisterait dans un esprit d'échange et de communion. Dès les jeux Olympiques d'Atlanta (qu'on a appelés « les jeux Coca-Cola »), il était déjà clair que l'esprit strictement amateur mais également élitiste de l'olympisme traditionnel était bien loin. Toutes les grandes manifestations sportives devenaient peu à peu d'immenses spectacles planétaires. Il y avait donc là l'existence d'un nouveau marché économique, celui des droits de retransmission, celui du sponsoring, celui des très grands équipements sportifs. Des précurseurs comme J.-C. Killy l'avaient deviné : l'organisation des grandes compétitions internationales devenait un business où le matériel strictement sportif passait au second rang par rapport aux autres intérêts. Ma génération a assisté à la naissance de la planète-sport.

Deuxième intuition. Il m'a semblé que ce phénomène de surmédiatisation allait entraîner mécaniquement une conséquence, celle de la starification des grands sportifs. Les champions n'étaient plus seulement les dieux du stade, comme on disait autrefois, mais les grandes étoiles d'une galaxie nouvelle où la performance, mais aussi le look et, disons-le honnêtement, la fonction de panneaux publicitaires composaient un monde radicalement différent, à quoi s'ajoutait pour ces sportifs un rôle également nouveau, celui de la représentation d'intérêts politiques les dépassant. L'ère des sportifs-stars s'ouvrait. On peut bien sûr garder le meilleur souvenir de Kopa, Fontaine, Di Stéfano ou même Pelé, mais ils n'ont jamais eu dans le monde une image aussi forte et rayonnante que celle des grandes étoiles d'aujourd'hui, des Messi, des Ronaldo. Ce phénomène, la naissance de stars universellement connues, n'était pas propre au football. Tous les sports étaient concernés. Laure Manaudou n'est pas Christine Caron. Nikola Karabatic n'est pas Férignac. Sébastien Chabal lui-même n'est pas Christian Carrère. Les grands sportifs sont des « valeurs » au sens économique du terme et sont devenus, par là même, des supports essentiels pour l'économie des firmes avec lesquelles ils sont liés.

La troisième de mes intuitions, déterminante celle-là, ne résultait pas d'un constat d'évidence. Je ne me suis jamais beaucoup éloigné de ces banlieues où je suis né et que j'aime. Et j'y ai vu, là encore à la fin des années 1980, l'apparition d'un nouveau phénomène : il s'agissait d'affirmer une identité jeune et urbaine par des codes vestimentaires qui n'étaient plus ceux des chanteurs en vogue mais qui renvoyaient à l'image des stars du sport de l'époque. Progressivement, les jeans et blousons de cuir ou de daim qui avaient été l'uniforme de la génération précédente ont été supplantés par le sportswear. Sweat-shirts à capuche, pantalons de survêtement, baskets en toutes circonstances, les garçons dans un premier temps puis les filles avec eux se sont mis à s'habiller avec ces « trucs » pratiques, amples, fonctionnels et qui les faisaient ressembler à ces sportifs devenus leurs idoles. La notoriété des très grandes marques mondiales et des champions qu'elles soutenaient ouvrait un marché immense, d'abord venu des universités américaines et des groupes de musique nouvelle puis généralisé à tous les pays occidentaux.

C'est sur la base de ces trois intuitions qu'Adidas m'est apparue très rapidement comme étant riche d'un potentiel bien plus grand que celui de sa mémoire prestigieuse.

Je l'ai achetée.

Une acquisition assez facile

On pense peut-être que, pour réaliser l'acquisition d'une entreprise de la taille d'Adidas, le plus difficile est d'en trouver le financement. En l'occurrence, la principale difficulté était moins financière que « diplomatique ». Il me fallait en effet négocier avec les trois sœurs Dassler, héritières de leur père Adolf et de leur frère Horst. Cette négociation n'était pas délicate pour des raisons de prix ; les sœurs avaient conscience de la situation de l'entreprise. Mais dans une famille habituée aux conflits, elles n'étaient d'accord sur rien, et la prise de position de l'une était systématiquement rejetée par les autres. Il fallait donc les traiter séparément, comme pour les Horaces et les Curiaces, mais moins violemment. Des mois de discussions, des trésors de patience, des allers-retours incessants, finalement, j'avais réussi à les convaincre.

Pour ce projet, je n'ai rencontré aucun problème de financement. Les professionnels du secteur comme les banquiers intéressés avaient fait, quelquefois sur ma suggestion, la même analyse que moi : l'acquisition d'Adidas était une excellente affaire si on lui apportait ce que j'avais l'habitude d'apporter dans les affaires précédentes. Ce que j'ai fait.

C'était bien l'avis du Crédit Lyonnais. M. Gallot, président de la SDBO lors de l'acquisition, en témoignait quelques années plus tard devant la Commission d'enquête parlementaire sans aucune équivoque : « Je ne comprends pas comment M. Tapie a réussi à acheter cette affaire à 1,6 milliard ; manifestement, cela valait beaucoup plus. Accorder le crédit était une évidence. »

Je tiens à souligner ici le mot « potentielle » utilisé par M. Gallot dans sa déclaration (voir p. 55). Car ce fameux potentiel, il fallait au moins le repérer. J'y insiste puisque, dès cette époque, n'importe quel autre opérateur économique aurait pu acheter Adidas ; personne d'autre ne l'a fait ou n'a tenté de le faire. Dès cette époque aussi ma banque réalise que l'entreprise Adidas vaut beaucoup plus que son prix de vente. C'est dans cette certitude établie très tôt que le Crédit Lyonnais va trouver les motifs de toutes ses manœuvres ultérieures. Pour l'heure, en août 1990, il faut boucler la transaction.

Comme le dit le patron de l'ex-SDBO, accorder un crédit était une évidence. Pourtant, à ce stade, le Crédit Lyonnais prend le minimum de risques. Mon groupe crée une filiale spécifique régie par le droit allemand, BTF GmbH, qui va acheter 80 % des parts d'Adidas. Le financement de cette acquisition est assuré par un pool bancaire regroupant des établissements allemands, japonais et français (ce qu'on appelle un prêt syndiqué) et où le Crédit Lyonnais n'intervient par la SDBO que pour un quart. Là encore, il faut laisser la parole à M. Gallot : « A ce prix-là, dit-il, les banques ne prenaient aucun risque. »

Aucun risque. On ne peut pas être plus clair.

En octobre 1991, mon groupe trouvait sans plus de difficulté auprès de l'établissement allemand Hypobank un financement complémentaire d'environ 66 millions de francs pour acquérir 15 % d'Adidas – appartenant aux enfants Dassler – dont je détenais alors 95 %. Je rappelle à cette occasion que le Crédit Lyonnais n'en avait financé que 25 % contrairement aux affirmations prétendant que c'était 100 %.

Ces différents concours bancaires consentis à court terme pour des raisons d'urgence devaient évidemment être consolidés, puisque chacun peut comprendre qu'une acquisition de cette taille ne se finance pas par des crédits courts et qu'il faut lui laisser le temps de s'organiser, de se restructurer.

Une entreprise restructurée

J'ai aussitôt entrepris ce travail de restructuration en fonction des constats que j'avais pu faire.

La première mesure, conforme à mes habitudes, consistait à mettre en place une équipe de professionnels performants et dignes de confiance. J'ai moi-même engagé, à l'issue d'une négociation étonnante, Rob Strasser qui était jusque-là le directeur du marketing de Nike ; il allait diriger le marketing d'Adidas. Afin de prendre les manettes de la filiale américaine d'Adidas, j'ai recruté M. Peter Ueberroth, ancien président du Comité olympique de Los Angeles. Le ministre sortant des Finances de la République fédérale d'Allemagne, M. Hans Friderichs, a accepté de présider le conseil de surveillance d'Adidas. Enfin, j'ai recruté Mme Gilberte Beaux, directrice générale de la Générale Occidentale, la holding de Jimmy Goldsmith, banquière de formation et de renom, pour diriger Adidas. J'avais une équipe forte, sérieuse, crédible. La « dream team » était constituée.

Il me fallait aussi changer de priorité. Adidas consacrait 80 % de son activité à la production d'articles de stade et 20 % seulement au sportswear. Des proportions exactement inverses à celles de Nike et de Reebok. J'ai donc amorcé la reconversion vers le vêtement sportif dont la croissance annuelle était alors de 25 % au détriment des articles purement sportifs dont le marché diminuait de 5 % chaque année.

La délocalisation de la production était tout aussi urgente et essentielle pour les résultats de l'entreprise. 6 500 des 8 000 salariés d'Adidas travaillaient en Europe, c'est-à-dire à un coût élevé (ce problème, on le voit, n'est pas nouveau) tandis que Nike qui ne comptait que 6 500 employés au total en mobilisait la quasi-totalité (6 000 emplois) en Asie du Sud-Est.

Il convenait aussi d'élaguer quelques branches de l'arbre Adidas. Les filiales Arena et Le Coq sportif n'étaient pas stratégiques ; il m'est apparu utile de les vendre pour donner de l'air à l'entreprise, ce que j'ai fait.

Enfin, il me semblait que les phénomènes de médiatisation et de starification que j'ai déjà évoqués étaient à l'origine des succès de nos concurrents (Nike et Reebok principalement) sur le marché américain qui représentait 50 % du marché mondial et où les positions d'Adidas étaient littéralement sinistrées. Revenant à une méthode que j'avais déjà appliquée autour de l'Olympique de Marseille, j'ai associé par contrat à Adidas le Real Madrid, les plus grands noms de la musique (Madonna, Prince, etc.) et les plus grands rappeurs du monde.

Avec la modernisation du logo, résumé de toute l'image d'Adidas, l'essentiel du travail de restructuration était achevé dès ma première année à la tête de l'entreprise et allait produire ses fruits dès

1993, moins de trois ans plus tard. Mais le Crédit Lyonnais avait déjà décidé qu'il tenterait de récolter ces fruits à ma place.

Les chiffres parlent. 1990, 1991, 1992 : années des restructurations. 1993 : équilibre. 1994 : 500 millions de bénéfice. Je rappelle que, dans l'industrie textile, on estime que l'on ne retrouve dans les bilans le résultat des décisions prises que quatre à cinq ans après. On était donc dans nos prévisions en terme d'image, de productivité, de marketing et de finance.

3

JE DEVIENS MINISTRE

Une nomination magnifique... pour de lourdes difficultés

« Tu avais quelques amis et quelques ministres indifférents à ton égard au sein de ce gouvernement. Sache qu'il ne te reste maintenant que des ennemis, à part Béré et moi. »

Mot glissé par Bernard Kouchner
à Bernard Tapie lors d'un Conseil des ministres.

« Ce que je peux dire, c'est qu'il [Bernard Tapie] a été un excellent ministre. »

Déclaration de François Mitterrand à la presse
à l'occasion des cérémonies du 14 Juillet en 1993.

Après l'acquisition d'Adidas et les décisions prises pour sa meilleure gestion, tout va bien pour moi au début de l'année 1992. Afin d'éviter toute difficulté financière, et en accord avec la banque qui mandatait pour cette mission ses filiales SDBO et CLINVEST, j'avais décidé dès août 1991 d'introduire, à concurrence de 45 %, de nouveaux partenaires au sein de BTF GmbH, propriétaire d'Adidas : Pentland (20,05 %), Clinvest du groupe Crédit Lyonnais (10 %), AGF (5 %), Worms (2 %), Banexi (2,95 %) et Efficacité Finance Conseil (5 %) étaient donc entrés au sein de ma filiale allemande. Mais j'y restais majoritaire et BTF SA, après la vente de ces actions, avait encaissé largement de quoi faire face à la première échéance du crédit contracté pour l'acquisition d'Adidas, soit 600 millions de francs. Mon groupe avait même remboursé plus que prévu, 850 millions en août 1991. J'étais en avance sur mon calendrier. Pour plus de sécurité, j'avais aussi vendu des participations à très forte plus-value potentielle, telle que celle détenue dans la chaîne TF1, pour 300 millions. Le remboursement des crédits accordés à BTF pour l'acquisition d'Adidas était donc très largement avancé et la valeur des 55 % de GmbH demeurant la propriété de mon groupe était très supérieure à tout ce qu'il me restait à rembourser (environ 600 millions). Tout allait bien.

Dans le champ sportif, l'Olympique de Marseille s'était en quelque sorte abonné au titre de champion de France et avait déjà vécu une demi-finale et une finale de Coupe d'Europe. Ma popularité auprès des jeunes de Marseille et de sa région mais aussi auprès de l'électorat populaire que j'avais contribué à réhabiliter me laissait l'espoir d'envisager un jour de concourir aux élections municipales dans la capitale de la Provence. D'autant que l'école de formation pour les jeunes chômeurs créée à Marseille (six au total implantées en France) connaissait un succès énorme, bien que n'intéressant aucun média. Une victoire aux élections régionales de 1992, dans un contexte particulièrement difficile pour la majorité, me désignait – mais je ne le savais pas encore – pour d'autres responsabilités.

C'est à la fin de 1992 que j'ai été confronté à un choix auquel je n'étais guère préparé, en tout cas pas prédestiné. Jusque-là, et selon une méthode qui m'a souvent été reprochée, j'avais mélangé les genres. Economie, sport, politique, tout me paraissait compatible pour la simple raison que j'appliquais dans chaque nouveau domaine les recettes qui m'avaient réussi dans d'autres et que je tirais aussi les leçons des échecs que j'avais pu rencontrer. Cette fois, le défi était d'une autre taille : devenir ministre.

La situation de la gauche en 1992

La proposition d'entrer au gouvernement m'a été faite par Pierre Bérégovoy. Je pense cependant que la suggestion venait de François Mitterrand, mais je sais aussi que le nouveau Premier ministre l'a acceptée très volontiers. Il y avait, pour eux deux, bien des raisons d'envisager cette possibilité.

D'abord, la situation de la gauche au pouvoir était mauvaise. Michel Rocard n'avait guère inscrit à son actif que l'instauration du RMI et l'accalmie en Nouvelle-Calédonie (ça n'est évidemment pas rien mais je ne suis pas certain qu'il n'y ait plus de braise sous ces cendres-là). Dans tous les cas, les tensions permanentes entre Michel Rocard et François Mitterrand n'étaient pas profitables à la gauche dans son ensemble.

La période 1991-1992 avait été marquée par ce qu'on est tenté d'appeler, avec le recul, l'épisode Edith Cresson. La grande nouveauté que représentait l'arrivée d'une femme à Matignon s'était trouvée immédiatement masquée par le procès en légitimité et en compétence que l'opposition n'avait cessé d'instruire contre elle. Quelques maladresses de l'intéressée avaient encore détérioré le climat politique. Il me semble toutefois que les reproches adressés à Edith Cresson étaient en grande partie injustes et plus révélateurs du sexisme ambiant que de la prise en compte objective de ses qualités. Dans la perspective des législatives de 1993, elle se trouvait encombrée d'une difficulté supplémentaire. Depuis 1972, les socialistes allaient aux élections dans la configuration de l'union de la gauche qui ne pouvait être payante qu'avec le parti communiste maintenu à un niveau suffisant. Ce n'était plus le cas et, pour l'élection présidentielle de 1988, François Mitterrand avait lancé sous le slogan « La France unie » une autre stratégie, celle de l'ouverture. Mais l'ouverture s'était révélée une impasse.

L'appel à Pierre Bérégovoy devenait dans ces conditions assez logique. D'une part, il avait administré au parti socialiste une cure sévère mais salutaire de libéralisme en modernisant la place financière de Paris, en réhabilitant simultanément le mérite et le profit et surtout en normalisant les relations avec les grandes entreprises. Au ministère de l'Economie, il avait montré, sans aucune formation préalable, une très grande maîtrise des questions budgétaires et économiques, pouvant présenter sans notes son budget au Parlement deux heures durant. Son origine populaire extrêmement modeste mettait fin par avance aux critiques venues de la gauche du PS. Il était en même temps réaliste et insoupçonnable. S'il était encore possible, en ce début de printemps 1992, de sauver la majorité de gauche, lui seul en était capable.

Au gouvernement de la France

J'avais une réelle estime pour Pierre Bérégovoy et j'avais aussi envie d'être utile à François Mitterrand. Je n'avais pas pour autant imaginé devenir ministre. Je n'avais pas du tout frayé avec les ministres d'ouverture qui n'étaient pour moi, dans leur majorité, que des bourgeois opportunistes. Je n'avais pas beaucoup plus d'atomes crochus avec les dirigeants socialistes dont j'avais pu apprécier les méthodes lors de la séquence des législatives à Marseille en 1988-1989. Au niveau national et à quelques exceptions près – j'avais de l'amitié pour Pierre Joxe, Dominique Strauss-Kahn et Roland Dumas, et une vraie camaraderie avec Jack Lang, Claude Bartolone, Julien Dray et les trublions de la gauche socialiste –, je ne fréquentais pas plus les cercles socialistes que les autres clubs parisiens. Je demeurais un marginal.

Je venais bien sûr de coordonner la campagne des élections régionales de 1992 dans la région PACA et nous y avions remporté quelques beaux succès. Mais j'avais vite compris que les socialistes de cette région m'avaient utilisé pour satisfaire leurs ambitions respectives et que, ce cap étant dépassé, je devenais pour eux inutile et même dangereux.

Ce n'était pas l'opinion de François Mitterrand. Parmi ses critères de jugement des responsables politiques, le succès aux élections locales a toujours été déterminant. Il me considérait à la mesure de mes victoires aux législatives et aux régionales. Contrairement à certains socialistes, il ne me regardait pas comme un usurpateur et je crois même qu'il jugeait positivement ma capacité à vivre dans le milieu de l'économie libérale et à m'engager quand même en politique au profit du peuple.

Je disposais en outre à cette époque d'une sorte de popularité née de mes différentes activités, une popularité dont bien peu de dirigeants de gauche pouvaient se flatter. A l'image de Pierre Bérégovoy, j'étais issu d'un milieu modeste que je n'entendais pas renier. En considérant tout le paysage politique, même à gauche, on repérait assez peu de responsables ayant vraiment vécu comme les citoyens qu'ils prétendaient représenter. Je faisais partie de ceux-là.

C'est pour cet ensemble de raisons politiques, ajoutées à la sympathie personnelle, que Pierre Bérégovoy m'a donc proposé de devenir ministre.

Ministre ! Dans les dessins animés, on représente souvent les enfants qui reçoivent un cadeau dont ils n'auraient pas osé rêver avec des étoiles qui leur sortent des yeux. Je devais avoir, autour de la tête, des étoiles de ce type. Ministre. Pour certains, c'est l'aboutissement presque logique – et même mérité selon eux – d'une carrière commencée dans un lycée chic, puis à Sciences-Po, puis à l'ENA et enfin dans un cabinet ministériel où l'on apprend les recettes de la grande cuisine politique. Un cheminement normal en somme. Rien de tel dans mon cas. Une famille pauvre et digne. Une banlieue simple et humaine. Un élève turbulent. Un adolescent vite lancé dans la vie active. Mais suffisamment sérieux pour avoir été à l'école Charliat (Ecole d'électricité industrielle de Paris) ! Le portefeuille ministériel n'était pas dans mon « plan de carrière ».

Pas un seul instant je n'ai envisagé de refuser l'offre qui m'était faite. C'était un immense honneur pour mes proches et, pour moi, une très grande fierté. J'aurais pu, c'est vrai, penser d'abord à ma tranquillité personnelle et familiale, à mes affaires et au temps qu'elles me prenaient, et aussi à toutes les passions ordinaires d'un homme, à tous ces petits plaisirs que la politique dévore parce qu'elle implique une sorte d'engagement exclusif. Je n'ai pas pensé alors que je serais durablement éloigné des joies les plus simples de la vie.

Mais si j'y avais pensé, j'aurais accepté quand même. Sans hésitation. Pour moi, quand on a la chance inouïe d'être appelé à participer au gouvernement de son pays, est-il possible ou même envisageable de refuser ? Non.

La ville devenue problème

En me pressentant pour une responsabilité ministérielle, le président de la République et son Premier ministre n'avaient pas seulement – et pas principalement – voulu me faire honneur mais bien me mettre en charge d'une véritable activité. Ils savaient que j'avais une réelle passion pour les problèmes de la ville puisque c'était dans cette direction que j'avais déjà orienté mes premiers efforts avec l'émission « Ambitions », avec mes écoles de formation – je remarque au passage qu'on n'en a jamais parlé, comme si le sujet était oublié – et aussi par mes premiers pas électoraux. J'allais donc devenir ministre de la Ville.

Quand on entend parler de « la ville » dans le champ politique, il faut entendre « banlieue » ou « quartiers difficiles », ou désormais « quartiers sensibles ». C'est-à-dire qu'il ne s'agit pas du tout de traiter des questions relatives au centre parisien, que les habitants soient de droite ou de gauche. Pas plus de l'aménagement du centre urbain de Lyon ou de Toulouse ou d'autres villes qui restent enfermées (au moins pour l'image qu'elles veulent montrer et pour les politiques d'aménagement qu'elles conduisent) dans leurs équilibres traditionnels. Pas du tout. Aujourd'hui, la politique de la ville est la définition pudique de ce qu'on pourrait appeler le traitement des pathologies urbaines. J'ai souvent dit qu'il s'agissait en somme d'une vision récente lorsque j'ai rappelé qu'on pouvait être heureux et s'épanouir dans les anciennes banlieues comme celle où j'avais grandi. Tout cela est devenu beaucoup plus difficile. De nouveaux problèmes sont apparus qui sont considérés comme autant de maladies.

La première de ces maladies est sans doute l'urbanisme concentrationnaire. A partir de 1960, la rapide croissance démographique et l'exode rural massif ont transformé le paysage pavillonnaire de nos banlieues en une succession de grands ensembles immobiliers (les tours, les barres, les ZUP, etc.) très semblables aux réalisations les plus spectaculaires de l'URSS ou des pays de l'Est. Les promoteurs publics, avec au premier rang la Caisse des dépôts et ses filiales, les organismes HLM et les services d'urbanisme départementaux et communaux, portent une lourde responsabilité dans ce phénomène de concentration déshumanisée car ils ont ensemble cru pouvoir apporter une réponse essentiellement quantitative à une revendication humaine, celle d'un toit pour sa famille et pour soi, qui a toujours été d'abord qualitative, comme le montrent tous les exemples traditionnels d'habitat même dans les réalisations les plus modestes et les plus anciennes.

Outre la concentration, le deuxième choix, qui a aussi engendré une maladie urbaine, a été celui de l'absolue priorité au logement locatif social. Personne n'a vu, dans les années de conception par les ministères concernés, par la Datar ou par les établissements publics des villes nouvelles, que ce choix avait deux conséquences immédiates : l'appauvrissement des quartiers nouveaux (ce que d'autres appellent la paupérisation) et la déresponsabilisation de leurs habitants peu concernés par des logements, des immeubles et des quartiers dont ils ne pouvaient s'approprier en aucune façon. Ces deux effets de court terme en ont produit un troisième par accumulation : la politique du logement exclusivement locatif a eu un coût direct (financier) et un coût indirect (par destruction de la cohésion urbaine) infiniment supérieur à ce qu'aurait coûté une politique généreuse et généralisée d'aide à l'accession à la propriété. Même si le virage est aujourd'hui difficile à opérer, je crois qu'il est encore possible et qu'il est devenu urgent d'inverser totalement ce choix. On peut reconstruire des solidarités et réinstaurer un sens des responsabilités dans une société de petits propriétaires. On n'y parviendra pas en agglomérant des millions de locataires.

Troisième phénomène urbain caractéristique et troisième maladie, la constitution des ghettos communautaires. La période de l'urbanisme opérationnel triomphant a correspondu, au moins jusqu'en 1975, à l'arrivée massive de populations immigrées. Pour une double raison de facilité du point de vue des pouvoirs publics et de rejet des populations de souche, les immigrés ont été regroupés dans des zones où ils sont devenus majoritaires et où ils ont même été encouragés (en tout cas pas dissuadés) à se regrouper par pays d'origine. On peut toujours tenir de grands et beaux discours autour de l'idée que la République laïque, indivisible, sociale n'admet pas le communautarisme, si tous les Maliens de la région parisienne appellent les quartiers nord de Montreuil « Bamako-sous-Bois », c'est bien que le phénomène communautariste a commencé à s'épanouir. Chacun connaît mes opinions sur ces questions. Pour moi, ce n'est pas l'immigration qui est un problème, c'est le choix quasi délibéré de la laisser s'organiser en ghettos qui engendre des difficultés. On n'a rien fait pour une véritable intégration républicaine. Avec deux résultats étonnants. Les enfants d'immigrés, qui sont français, ont moins l'impression de vivre en France que d'être enfermés dans une enclave territoriale du pays d'origine de leurs parents. Quant à ceux qu'on appelle « les petits Blancs », les Français d'origine (qui peuvent être des Ritals ou des Polaks), ils se sont eux-mêmes regroupés sur un mode défensif puisqu'ils avaient à la fois le sentiment d'être négligés par les décideurs publics et d'être dépossédés du fait du déséquilibre démographique de leur territoire, de leurs coutumes, de leur identité. C'est ainsi que l'idéologie haineuse du Front national s'est nourrie des insuffisances de la grande idée républicaine, de l'abandon du creuset de l'intégration.

Il en a résulté une autre conséquence – c'est la quatrième grande maladie urbaine –, celle de l'affaissement du civisme. On a fabriqué des administrés, des assujettis et même dans certains cas extrêmes une population urbaine de suspects, mais on a cessé de produire des citoyens. Ce phénomène se mesure bien sûr au premier degré dans la faiblesse de la participation électorale. Les étrangers eux-mêmes ne votent pas, ce qui est une stupidité pour qui veut vraiment les intégrer dans la vie commune. Leurs enfants, qui pourraient voter, ne le font guère plus car ils n'ont pas l'impression d'être regardés comme des citoyens à part entière. Et les Français dits « de souche » réfugient toutes leurs frustrations dans le vote extrémiste protestataire. Cette évolution elle-même a conduit les décideurs politiques à se désintéresser des quartiers considérés. A quoi bon consacrer des efforts municipaux, départementaux ou nationaux à des gens qui ne présentent au total presque aucun intérêt électoral ? C'est ainsi que les services publics – et avec eux les commerces de proximité – ont déserté les zones urbaines difficiles, un mouvement qui a bien sûr accru les difficultés. Ce cercle vicieux est périodiquement illustré par les séquences de violences urbaines où l'on peut voir que les jeunes des cités croient, en bonne partie à tort, que la seule présence de l'Etat est celle d'une police répressive, un peu comme s'ils vivaient (je pèse mes mots) dans des townships à l'époque de l'apartheid. Qu'elle soit conduite par la droite ou par la gauche, la politique de la ville est devenue une prophylaxie : celle du cordon sanitaire pour la droite, celle de la salubrité publique pour la gauche.

J'étais et je reste passionné par cet ensemble de problèmes car je ne les crois pas insolubles. Je me suis donc attaqué à la politique de la ville avec enthousiasme et en y mettant toute mon énergie. J'ai écrit ailleurs, dans *Librement* (Plon, 1998), que je gardais une certaine fierté des actions que j'avais pu conduire en un peu moins d'une année avec l'aide des fonctionnaires de mon cabinet. Des opérations de responsabilisation des habitants par la prise en charge de certaines tâches collectives, avec en tout premier lieu la propreté des espaces communs. Des actions de formation professionnelle mobilisant du mécénat d'entreprises. Des inflexions dans le sens du retour progressif des services publics de proximité. L'ouverture dans des centaines de quartiers difficiles de Maisons des Citoyens où il fallait réenraciner les solidarités urbaines. Une belle aventure comme celle des premières vacances à la mer pour des centaines de milliers de gosses des cités. Je n'en finirais pas d'énumérer les chantiers que j'ai ouverts et ceux que j'avais hâte d'ouvrir. C'était une tâche exaltante où j'étais aiguillonné par l'urgence sociale des solutions que j'envisageais. Vingt ans plus tard, cette urgence est devenue plus grande encore.

Ministre à temps plein

Non seulement le travail qui m'attendait en ce début d'année 1992 était énorme mais il était exclusif de tout autre engagement.

D'abord parce que c'était ma propre conception. J'avais pu conduire jusque-là de nombreuses activités de front et, ma foi, je ne m'en étais pas mal trouvé. Mais la nouvelle responsabilité qui m'était confiée revêtait à mes yeux unc autre importance et une autre intensité. Je devinais qu'elle allait m'occuper tout entier. Tout mon esprit, toute mon imagination, toute ma vitalité. Aujourd'hui encore, je reste « admiratif » (étonné ou incrédule serait plus juste) devant ces ministres ayant obtenu après les avoir réclamées des responsabilités gouvernementales importantes et qui trouvent encore le temps de gérer des villes, des départements, des régions, des syndicats territoriaux, de grandes agglomérations. Comment font-ils ? Je crois que dans leur cas aucune des charges qu'ils ont sollicitées ne peut être exercée convenablement. J'ai dit et je redirai mes désaccords de fond avec les options du nouveau président de la République. Parmi mes points d'accord que j'aurai aussi l'occasion de lister, je soutiens absolument sa décision d'interdire le cumul d'une responsabilité ministérielle et d'une autre activité publique ou privée. C'était déjà ma façon de voir en 1992.

C'était aussi celle du président Mitterrand, et Pierre Bérégovoy me l'a exposée avec beaucoup de franchise et de clarté. Même si mes entreprises ne vivaient ni de subventions ni de marchés publics, même si je ne m'occupais ni d'armement ni d'organes de presse, même si je n'avais aucun intérêt économique, bien au contraire, à exercer le pouvoir politique, ma situation de chef d'entreprise ne leur paraissait pas compatible avec celle de ministre. C'était pour eux d'abord une affaire de morale. François Mitterrand avait toujours exprimé sa méfiance personnelle à l'égard de l'argent, cet « argent qui corrompt », disait-il. Et Pierre Bérégovoy, s'il avait parfaitement assimilé et admis les mécanismes de l'économie libérale, se trouvait, par son origine et sa culture, à mille lieues des intérêts financiers, tellement loin que le procès qui a été fait par la suite à son intégrité aurait été parfaitement ridicule s'il n'avait pas eu une issue aussi fatale. Mais le Président et le Premier ministre pensaient aussi, au-delà de la morale, qu'il fallait éviter de donner une image de mélange des genres. Ils estimaient que l'engagement public au niveau de celui qui doit être le lot d'un ministre ne pouvait cohabiter avec le maintien d'activités privées qui peuvent toujours détourner un responsable de l'essentiel.

C'est qu'ils étaient également attentifs à ce qui pouvait en être dit, de bonne ou de mauvaise foi. L'opposition de droite me rangeait déjà parmi ses cibles préférées. Elle aurait bien admis, comme je l'ai souvent dit, que je sois homme d'affaires et homme de droite, comme l'étaient beaucoup de parlementaires d'opposition ou comme l'avaient été certains anciens ministres qui confondaient allégrement l'affairisme et leurs mandats publics quand ils n'étaient pas carrément chargés de faire des trafics pour le compte de leur parti en prélevant leur commission au passage. Je savais, et François Mitterrand comme Pierre Bérégovoy savaient encore mieux que moi, qu'il ne fallait rien attendre de positif de ce côté. Aux yeux de la droite, j'étais illégitime comme député et je le serais encore plus comme ministre. Inutile donc d'ajouter à la difficulté en conservant des activités dans le monde de l'entreprise. Mais les perspectives n'étaient pas meilleures du côté de la gauche. La gauche officielle, celle du parti socialiste tout-puissant, ne me tolérait qu'à grand-peine et dans la mesure où je pouvais lui être utile. On me jugeait imprévisible et dangereux simplement parce que j'étais inclassable, au moins selon les catégories de la hiérarchie socialiste. Mais je peux dire que certains ministres, et parmi les plus moralisateurs, avaient l'air bien empressés d'entrer, malgré ma présence, au gouvernement de Pierre Bérégovoy. Quoi qu'il en soit, les socialistes avaient à mon égard des réticences manifestes ou dissimulées mais bien réelles. Il est certain qu'ils n'auraient pas manqué, eux non plus, de critiquer le cumul d'une activité gouvernementale et de responsabilités de chef d'entreprise.

J'avais déjà eu l'occasion de me distinguer, et pas de la meilleure façon, pour leur déplaire lors de ma première intervention en Conseil des ministres. En effet, j'ai été étonné de voir la manière dont ceux-ci se déroulaient. Le Président lance le ministre concerné par sa communication, qui va lire sur un ton qui n'attire pas l'envie de l'écouter les notes rédigées par son cabinet, mais qui va permettre au Président de signer son courrier et aux ministres de s'échanger des petits mots contenant des messages d'importance, par exemple en direction du ministre de l'Intérieur : « Ma belle-sœur travaille au service des Renseignements généraux à Nantes… Elle veut s'installer dans le Sud… Qu'est-ce que tu peux faire pour elle ? » Tellement déçu, c'est au cours du troisième Conseil des ministres auquel j'assiste que je dois exposer mon plan sur la ville. D'une manière ostentatoire, je referme mon classeur et je vais faire plus d'une demi-heure, sans papier. Dès le début de mon exposé, le Président rebouche son stylo, signe que plus personne ne doit distribuer de petits mots. A la fin de mon intervention, Kouchner me fera passer un message : « Tu avais quelques amis et quelques ministres indifférents à ton égard au sein de ce gouvernement. Sache qu'il ne te reste maintenant que des ennemis, à part Béré et moi. »

En tout état de cause, ma décision est prise. Quoi qu'il m'en coûte – mais je ne savais pas qu'il m'en coûterait autant… –, je ne pouvais demeurer le patron d'Adidas ni même en rester le propriétaire.

4

UN ACCORD TROUVÉ AVEC LE CRÉDIT LYONNAIS

« A la différence des requins que j'ai rencontrés à Los Angeles et à Genève, Tapie, lui, s'est rendu aux sages conseils de Monsieur Jean-Yves Haberer et s'est séparé d'un actif de valeur pour se consacrer à la politique…

Au fond de moi-même, j'aurais préféré persévérer dans le sillage des accords de mars, mais je n'ai plus voix au chapitre et après un bref et vif échange, je me suis incliné. Aujourd'hui, je ne suis pas fier de moi… »

Extraits d'un ouvrage publié par François Gille,
ancien directeur général du
Crédit Lyonnais :
L'Engrenage du Crédit Lyonnais, JC Lattès, 1998.

Les choses prennent une autre dimension : la perspective d'entrer au gouvernement est excitante, mais n'exclut pas la loyauté. Donc, j'informe mes partenaires d'Adidas : M. Haberer, président du

Crédit Lyonnais ; M. Albert, président des AGF ; M. Renaudin, directeur général de la banque Worms. Tous approuvent ma décision. Il ne reste donc qu'à organiser mon désengagement d'Adidas ; le Crédit Lyonnais se propose de m'aider. J'aurais dû me méfier.

Une négociation apparemment équilibrée

Nous sommes alors en 1992. Laurent Fabius a remplacé Pierre Mauroy à la tête du PS, l'affaire URBA plombe le parti, le traité de Maastricht va être ratifié, les Restos du Cœur ont été reconnus d'utilité publique, et, partout, la droite progresse. La France ne va pas mal, et je n'ai aucune raison de mettre en cause la confiance placée dans mon partenaire bancaire – qui est actionnaire et administrateur de BTF, la holding propriétaire d'Adidas depuis dix-huit ans. Dix-huit ans, c'est plus long que bien des mariages. Dix-huit ans, c'est l'âge de raison. J'ai confiance.

C'est une erreur.

Mais, alors, tout s'annonce bien : je discute avec Jean-Yves Haberer, patron que certains qualifient de « flamboyant », et mon désengagement se présente au mieux. Avant l'été 1992, nous voilà d'accord sur un projet de mémorandum équilibré. Mes intérêts et ceux du Crédit Lyonnais semblent préservés.

C'est le mot « semblent » qui est important. Tout est dans l'apparence. Le bal des faux culs commence là.

Résumons : je m'engage de mon côté à vendre la participation de BTF dans Adidas et je donne mandat au Lyonnais – plus précisément à sa filiale SDBO – pour procéder à la vente d'Adidas. Prix minimum, je dis bien minimum : 2,085 milliards de francs. C'est une somme. Comment a-t-elle été déterminée ? Simple : selon la Banque, c'est la valeur minimum des actions d'Adidas. D'autre part – toujours selon la Banque –, elle permettra à mon groupe de solder l'ensemble de tous les encours et d'affecter le solde au financement de ma participation à une société à créer avec la Banque. Le projet de cette société est de prendre des participations financières dans diverses sociétés sans m'impliquer dans leur gestion me permettant, du coup, de me consacrer à la politique, ayant pris une distance avec le business. Conséquence : je deviens associé du Crédit Lyonnais.

La politique me prend : c'est passionnant. La chose publique, le bien commun, c'est un but noble et gratifiant. Je suis enthousiasmé. Trop peut-être. Mon regard est fixé sur l'horizon des batailles à mener. L'ennui, c'est que les manœuvres, zigzags et tours de prestidigitation vont se passer sous mon nez. J'essaie de voir loin, mais l'entourloupe est tout près. Du coup, je ne la vois pas. Vieille tactique : on dit « regarde là-bas » pendant qu'on vous pique le dessert dans votre assiette.

La nouvelle société, provisoirement baptisée NEWCO, aura donc pour objectif de transformer mes parts dans mes activités industrielles en une confortable participation dans une société purement patrimoniale. D'ailleurs, la Banque s'engage – par écrit – à garantir tout mon patrimoine personnel tandis que je percevrai une rémunération minimum de 6 millions de francs par an, grâce à la NEWCO. Cerise sur le gâteau : mes parts, m'assurent mes interlocuteurs, vont inévitablement prendre de la valeur. Le critère retenu, pour la gestion de toute l'affaire, c'est : la sécurité. C'est naturellement un accord gagnant-gagnant.

Je suis ravi. J'ai les mains libres pour faire de la politique. Le deal me semble honnête. Je ne prends pas en compte la devise de Michel Audiard : « Faire confiance aux honnêtes gens est le seul vrai risque des professions aventureuses. »

Je fais confiance.

L'accord me paraît équilibré. Je suis dégagé de toute activité économique directe, je peux être ministre à plein temps, j'ai le sentiment que l'évaluation des actions Adidas est sincère. Assez bizarrement, quand même, la Banque demande qu'à l'occasion de la fusion de toutes les structures de mon groupe il soit procédé à l'acquisition des actions détenues par des porteurs minoritaires de BFT SA et de la société mise en place spécialement pour Adidas, BTF GmbH. Je n'y vois qu'une action destinée à faire le ménage, je ne m'y oppose donc pas. Je suis à mille lieues de soupçonner quoi que ce soit.

C'est un défaut : je pense toujours qu'une poignée de main vaut une signature. J'aurais dû lire la biographie de Samuel Goldwyn, génial producteur d'Hollywood qui affirmait, en toute candeur, qu'« un contrat verbal ne vaut pas le papier sur lequel il est écrit ».

L'ennui, c'est que le papier, parfois, ne vaut guère plus.

Donc, fin mai 1992, tout va bien. Je suis prêt à signer.

Mais…

Mais il y a du retard.

Décembre 1992 :
la signature du mémorandum

Le retard est d'abord insignifiant. Les jours passent, les semaines aussi, les mois enfin. Quelques plis à défroisser, quelques minuscules détails à mettre au point, des broutilles. Il faut fignoler les statuts de NEWCO. OK. Il faut aléser les accords entre

SDBO, la filiale du Lyonnais, et une autre filiale, CLIVEST. Il faut... Bref, l'horloge tourne. Finalement, le mémorandum est prêt le 10 décembre 1992. Six mois se sont écoulés.

Or, en décembre 1992, le paysage politique est en mutation : la majorité se trouve à trois mois d'une échéance (les législatives de mars 1993) – et les perspectives sont catastrophiques. Les politologues l'annoncent jour après jour : la gauche va prendre une dégelée. La défaite est annoncée, claironnée, assurée. Il faudra donc changer de gouvernement, évidemment. L'Elysée et Matignon vont devoir cohabiter. C'est le mariage de la carpe et du lapin. C'est l'union forcée de François Mitterrand et d'Edouard Balladur qui se profile.

Conséquence : je ne serai plus ministre.

Dès lors, pourquoi passer cet accord avec le Crédit Lyonnais ? Deux raisons. D'abord, le respect de la parole donnée. Je me suis engagé dans ce chemin, j'y resterai. Ensuite, si je ne suis plus ministre, en revanche, je peux continuer le combat. On me donne favori aux élections municipales.

Dernier détail : j'ai dit que je le ferai.

Donc, je le ferai. C'est un trait désolant de ma nature : je suis cash.

Et puis, comment pourrais-je imaginer que la Banque a mis à profit les six mois pour peaufiner une superbe opération destinée à me voler ? Les six mois ont servi à inventer un Meccano de pillage savant. C'est joliment conçu : on fait miroiter au client des gains sympathiques, on le déleste de son gousset avec un sourire. La situation s'y prête : puisque la droite va revenir aux affaires, il est évident que la valse des présidents des entreprises nationalisées – dont le Crédit Lyonnais – va recommencer. Jean-Yves Haberer va être menacé, c'est sûr. Mais l'accord se fait avec l'entreprise, pas avec l'homme. Si Haberer s'en va, le Lyonnais reste. Et puis Edouard Balladur a l'air bonasse d'un pharmacien de province. Personne ne peut le soupçonner d'une quelconque malfaisance.

Les choses vont changer ? Peut-être. Mais l'accord restera. Je ne m'inquiète pas.

J'aurais dû.

Les mâchoires du piège

Il y a une chose que j'ignore. C'est que la Banque a fait procéder, à mon insu, à une évaluation d'Adidas. Celle-ci, effectuée en décembre 1991, est formelle : le prix des actions d'Adidas est nettement supérieur au prix fixé par la Banque. J'en aurai la preuve plus tard, dans une note qui sera saisie au siège de la Banque. C'est donc la Banque qui a fixé à 2,085 milliards de francs la valeur de ces actions.

Or, en douce, la Banque estime l'affaire à... trois fois cette valeur.

Mieux : non seulement la Banque encaissera de substantielles commissions lors de la vente, mais, en plus, elle captera l'essentiel de la plus-value. Le coup est donc à double détente. Ce n'est pas une poche, qu'on va me faire, mais les deux.

Il y a une règle absolue, totale, d'airain : le mandataire doit informer le mandant de la réalité du prix. Pas question de vendre une paire de chaussures à 50 euros et de la déclarer à 10. Logique.

Et c'est là qu'intervient le fameux délai de six mois. Car, pendant ces 180 jours, la Banque a procédé à des montages complexes. Le but est simple : la présence de sociétés-écrans va lui permettre de se vendre Adidas à elle-même. Le mandataire, dans l'ombre, est devenu le client. Les deux casquettes sont évidemment interdites simultanément. Mais quoi ? La loi est faite pour être contournée. Il y suffit d'un peu de malice, de quelques manigances, de certaines précautions, et d'une bonne dose d'opacité. Un jeu d'enfant, pour un banquier.

D'ailleurs, la Banque a déjà recherché et trouvé celui qui sera l'acheteur final. Cet acquéreur, c'est Robert Louis-Dreyfus, parfois nommé RLD.

Celui-ci, issu de l'illustre famille Dreyfus qui a fait fortune dans le commerce et le transport maritime, est joueur : c'est d'ailleurs ce qu'il a gagné au poker qui lui a permis de débuter brillamment dans le business. A l'époque, malgré sa vie de play-boy, l'homme est assez peu connu du grand public. Il fait profil bas : d'ailleurs, il n'apparaît que comme un acteur mineur dans cette affaire, à travers sa société RICESA SA. C'est bien joué : *piano, piano...*

Comme autrefois à Yalta, l'accord avec le Lyonnais a des clauses secrètes. Dont je ne suis pas au courant. Ainsi, la Banque s'est engagée à revendre Adidas à Robert Louis-Dreyfus en faisant disparaître d'un tour de magie tous les autres acquéreurs affichés. Ensuite, la Banque a consenti à cet homme d'affaires des prêts à taux très bas, nettement plus sympathiques que les miens. Enfin, ces prêts sont « participatifs ». Cela signifie que pour financer l'acquisition, la Banque exigeait d'encaisser d'une part la plus-value entre le prix qu'elle me payait et le prix réel de la vente et, d'autre part, une proportion significative de la nouvelle plus-value que les compères escomptaient bien réaliser – et qu'ils ont effectivement encaissée – lors de l'introduction programmée d'Adidas à la Bourse de Francfort.

Mais il y a mieux. Beaucoup mieux. La Banque ne propose pas de vendre au prix du mandat, mais plus du double, soit 4,4 milliards de francs. Mazette ! Quel tour de passe-passe ! On m'annonce 2, on vend à 4,4, et ni vu ni connu, la différence s'évapore.

On voit par là la loyauté de la démarche. Les règles du code civil, la jurisprudence des tribunaux commerciaux, les usages, tout interdit ce type de brouillage. On ne peut être juge et partie, vendeur et acheteur, banquier et capteur en même temps.

La Banque ne remplit pas précisément cette condition.

Il ne reste plus qu'à attendre que le piège ne se referme sur le pigeon.

En l'occurrence, moi.

Une vente aussi soudaine que miraculeuse

Tout au long des discussions, la situation de mon groupe est présentée comme fragile. La Banque n'arrête pas de me dire et redire : les 2,085 milliards du mandant de vente, c'est une somme inespérée, miraculeuse.

Après la signature du mandat de vente, le 16 décembre 1992, la Banque me présente les acheteurs potentiels. Ils sont crédibles – en apparence. Et sont regroupés en consortium. Or, curieusement, dans ce consortium, personne ne semble détenir la majorité. Un peu inhabituel, mais pourquoi pas ? Je me dis que ces actionnaires ont déjà passé des pactes garantissant une majorité stable. Je suis loin de soupçonner que ces sociétés (à part Lyonnais investissements, Métropole SA et Banque générale du Phénix) sont toutes bidons, que ce sont des constructions virtuelles, qu'il s'agit d'effectuer un portage invisible pour le compte de la Banque. Je parcours la liste des prétendants au bal :

Crédit Lyonnais investissements	pour 19,90 %
Métropole SA	pour 11,00 %
Banque générale du Phénix	pour 5,10 %
RICESA SA	pour 15,00 %
Matinvest	pour 5,00 %
Efficacité Finance Conseil	pour 9,00 %
Omega Ventures	pour 20,00 %
Coatbridge Holding	pour 15,00 %

Le compte y est. La plupart de ces sociétés sont des fausses barbes off-shore. Dans les coulisses, c'est la Banque qui agit. Je ne sais pas qui est Coatbridge Holding ou Matinvest. Mais je note qu'« Efficacité Finance Conseil » porte bien son nom. Efficacité, oui, mais pour qui ? Au total, toutes ces marionnettes sont prêtes à payer 2,085 milliards de francs. Estimez-vous heureux, monsieur Tapie, me dit-on.

Je m'estime heureux. Ce n'est que plus tard que je m'estimerai dupé. Entre les deux, il y a une grande marge. Le 12 février 1993, je signe. Sans savoir, évidemment, que tous les tripotages, bidouillages, montages et démontages sont déjà en place. Je viens d'être spolié, je n'en sais rien. Heureux ? Oui. Mais pas pour longtemps.

Car quand j'apprendrai plus tard que le groupe fantôme (qui appartient donc à la Banque) a vendu à Robert Louis-Dreyfus pour 4,4 milliards, je vais être fâché, voire en rage.

N'étant pas encore au courant, je ne m'explique pas pourquoi la société NEWCO met du temps à être créée. Je rappelle que c'est parce qu'il y avait cet accord sur la création de NEWCO que j'ai accepté le mandat à 2,085 milliards minimum.

Dès l'affaire faite, les retards, de nouveau, s'accumulent. La société NEWCO met du temps à être montée. On me dit que l'offre publique de retrait n'a pas permis de reprendre 100 % des actions de BTF en rachetant les parts des actionnaires minoritaires. Or, en réalité, ce rachat est destiné à éviter toute contestation ultérieure.

C'est cette question des « minoritaires » qui va être la faille du montage.

Car, très vite, la guerre est déclarée : la Banque a un but : m'éliminer. Pas question que je me laisse faire.

5

L'ALTERNANCE ET SES CONSÉQUENCES

Cataclysme électoral et conséquences personnelles

« La violente campagne de presse conduite par la Banque usant par tous moyens du nom de Tapie – par exemple inscrit sur une poubelle pour le discréditer –, les saisies publiques du mobilier qui seront ultérieurement annulées, les visites spectaculaires de l'immeuble des époux Tapie, rue des Saints-Pères, notamment dans une journée "Portes ouvertes" devant les caméras de télévision, offertes à tous les publics, au risque de faire s'éloigner d'éventuels acquéreurs de l'immeuble, les émissions de télévision, de radio nourries par la Banque, les nombreuses plaintes pénales déposées [...] qui aboutiront à des non-lieux mais après avoir été puissamment médiatisées, disent un acharnement exceptionnel. »

Extraits de la sentence arbitrale rendue
le 7 juillet 2008.

Ah, l'alternance ! Parlons-en, de l'alternance ! C'est la valse des responsables, le changement des manettes, le tango des voleurs ! La première conséquence, c'est la satisfaction arrogante : cette droite, qui piétinait en coulisse en estimant que le pouvoir lui revenait de droit, reprend les maroquins, s'installe dans les ministères, renoue avec les affaires. La droite a ceci de particulier, en France : elle est persuadée que la gauche est illégitime, que le pouvoir est forcément hérité de la main droite du Seigneur. Pour Balladur et ses porte-flingues, la gauche est une maladie dont la France doit se guérir comme d'un eczéma. D'ailleurs, ma présence au gouvernement est la preuve évidente du mauvais fonctionnement de l'Etat : comment a-t-on pu laisser ce voyou de Bernard Tapie entrer dans un ministère ? Il est grand temps de le virer. Dans ses cartons, la nouvelle majorité, le dossier des privatisations figure en bonne place. A propos de bonnes places, celles-ci iront évidemment à des « amis ». Les banques sont particulièrement concernées. Et, en première ligne, la Banque. La politique d'acquisitions hasardeuses menée par Haberer le désigne comme bouc émissaire. Les couteaux commencent à être affûtés.

Il y aura quelques grands patrons, bientôt, qui pourront dire : « Balladur m'a tuer. »

La justice, elle, est en principe indépendante. En principe. Car chacun sait que l'indépendance est une notion relative. Quand le renard est dans le poulailler, l'indépendance court vite. Il y a des juges sensibles aux suggestions d'en haut, des présidents compréhensifs, des magistrats à l'écoute. Il en existe même qui entendent des instructions qu'on ne leur a pas données... ça peut toujours servir, pensent-ils. Ils sont minoritaires, c'est vrai, mais il suffit que vous tombiez sur un de ceux-là...

Les élections de 1993 sont, comme prévu, un tsunami. La défaite de la gauche est totale, violente. Des dizaines de députés sont renvoyés chez eux, la Chambre bascule, la France tangue. Mon destin personnel, cependant, est sauvegardé : je suis réélu député des Bouches-du-Rhône.

Des élections calamiteuses pour la gauche

La gauche est quasiment enterrée, mais j'échappe à la déroute. Je fais partie des 52 rescapés. Je regarde le paysage après la bataille : ruines, ruines. Hélas, la guerre a fait une victime : Pierre Bérégovoy. C'est avec une immense tristesse que j'apprends la disparition de ce grand serviteur de l'Etat, qui s'est éclipsé de façon tragique. Finalement, avec le recul, son destin n'est-il pas parallèle au mien ? La machine ne pardonne pas : ceux qui la défient sont acculés, parfois, à l'autodestruction. J'avoue qu'il m'est arrivé de penser au suicide, moi aussi. Pourtant, Dieu sait que ce n'est pas dans mon caractère...

Par chance, dans la bourrasque, un point de référence demeure : François Mitterrand reste à l'Elysée et, on le connaît, n'est pas prêt à céder le pouvoir. Il a déjà fait la démonstration de son habileté entre 1986 et 1988 : pas question, pour lui, de laisser la droite agir à sa guise. La maladie qui le mine affaiblit son corps, mais pas sa combativité. Il reste fidèle au poste, il ne me retirera jamais son soutien. C'est heureux, car du côté du parti socialiste, la maladie génétique reprend de plus belle : la division. C'est comme une malédiction : les socialistes partagent avec la droite ce trait irritant. Chacun tire à hue et à dia, c'est toujours la faute d'un autre, les ambitions se chevauchent, les prétendants s'affrontent, les familles éclatent, les courants s'écartent. En l'occurrence, le PS fait porter la responsabilité de la défaite à Laurent Fabius, premier secrétaire, alors que celui-ci vient d'être violemment – et injustement – attaqué par la droite sur la question du sang contaminé. Croyant tenir enfin sa revanche sur les mitterrandistes, Michel Rocard a remplacé Fabius à la tête du PS, et ce n'est pas une bonne affaire pour moi. Car Rocard revendique son appartenance à une gauche dite « morale », gauche teintée de boy-scoutisme, repeinte aux couleurs de l'humanisme, étiquetée altruiste. Le genre : « Aimez-vous les uns les autres », phrase qu'en d'autres temps une candidate pourtant athée reprendra. Cette volonté d'être une gauche Bisounours a une conséquence : pour Rocard et les siens, je suis le comble de l'abomination, symbole de l'affairisme, démon du capitalisme, chevalier d'industrie. Je suis le méchant.

Au fond, peu importe. Je continue mon chemin politique. Au début de l'année 1993, j'adhère au Mouvement des Radicaux de Gauche (MRG), dont les relations avec Rocard sont exécrables. Mais mon choix est le bon : dès le printemps 1993, j'ai la satisfaction de voir mon nouveau parti relever la tête. Dans une grande convention à Vincennes, nous regardons l'avenir au lieu de ressasser le passé. Un nouvel adhérent vient alors nous rejoindre : Frédéric Mitterrand.

Personne, du côté des mitterrandistes, ne baisse les bras. Le cap est difficile à passer, mais nous n'avons aucun doute : nous le passerons.

L'arrivée de la vertu incarnée : Edouard Balladur

Jacques Chirac a été échaudé par la cohabitation. Il ne s'attendait pas à avoir une opposition aussi forte du côté de la présidence, il s'y est usé les crocs. Il décide alors de ne pas retourner à Matignon. Il préfère y envoyer son « ami de trente ans », Edouard Balladur.

Celui-ci a un profil très IIIe République. On l'imagine le ventre barré par une chaîne de montre. Replet, rassurant, onctueux, il a une bonne réputation de compétence économique et financière, et n'hésite jamais à mettre en avant ses propres qualités. Ceux qui le connaissent disent qu'on arrive à l'irriter même quand on lui donne raison. Il est dans l'auto-éloge permanent, a une haute idée de ses talents, et promène un visage de grand dignitaire, légèrement enflé de lui-même. Il a le geste pontifical, le verbe rassurant, la démarche mesurée. Un polémiste s'amuse à le dépeindre : « Il ressemble à Colbert pour les petites choses et à vous et moi, c'est-à-dire personne, pour les grandes. » C'est bien vu. *Le Canard enchaîné*, toutes les semaines, s'amuse à croquer Balladur sous la forme d'une sorte de Louis XIV empesé, vaniteux et ennuyeux, toujours en chaise à porteurs. La vérité, c'est que Balladur, en secret, a une ambition féroce, mais possède le dynamisme d'un marshmallow.

C'est la caricature du grand bourgeois. Il parle, la bouche en cul de poule, affiche un dédain cosmique pour le populo, et transpire la fatuité. Quand, dans une séquence télévisée immortelle, il mange une rondelle de saucisson en buvant un coup de rouge, on dirait Mgr le cardinal Lustiger égaré dans une rave-party. La France ne se reconnaîtra jamais en lui, sauf certains secteurs de Passy. Jamais Balladur ne recevra les suffrages du peuple français, qui n'a pas envie d'être gagnée par la maladie du sommeil.

A ses débuts à Matignon, Edouard Balladur n'est pas encore lancé vers son destin d'ex-futur président de la République, même s'il y songe déjà. Il doit, avant tout, jouer le rôle du Père la morale. Il le dit, il l'annonce : finis, les errements de l'ère Mitterrand, terminées, les nominations de complaisance, achevées, les carrières de personnages douteux – dont un certain Tapie. L'heure est au retour du Bien Public, avec des majuscules. Edouard Balladur est un homme qui a une mission. Disons : une Mission, pour rester dans les majuscules.

Ça, c'est le programme. La réalité ? Elle va être diablement différente. D'abord, les dénationalisations : certes, elles vont remplir les caisses de l'Etat, mais aussi enrichir quelques amis proches. Les fameux « noyaux durs », où se retrouvent les principaux patrons français, vont être fabriqués avec le métal qui sert à souder les coffres-forts. Le noyau dur n'est pas une entreprise de bienfaisance. Le noyau dur, c'est celui de la cerise sur le gâteau.

Par des participations mutuelles et des distributions réciproques de sièges, Balladur met en place une coterie. C'est le moment où Jean-Marie Messier, futur roi du monde autoproclamé, va connaître une irrésistible ascension. C'est la parfaite illustration de l'effet Matthieu (l'évangéliste) : « A ceux qui ont, il sera donné. »

Plus moral encore, M. Peyrelevade

Le signal est donné : tout ce que la France compte de types moraux, de dirigeants irréprochables, de donneurs de leçons va se rassembler autour d'Edouard. Pour blanchir le paysage, il convient de faire de la place aux nouveaux venus. Jean-Yves Haberer, patron du Lyonnais, trop lié à la gauche, va être rapidement invité à faire ses bagages. C'est la règle du jeu : chaque nouveau régime implante ses vizirs.

Le nouveau vizir de la Banque, c'est Jean Peyrelevade.

Il est d'une nature centriste, et il s'entend bien avec les balladuriens. Il penche à gauche quand le vent souffle de l'est. Il se courbe à droite quand la brise vient de l'ouest. Il sait aussi remonter au vent, voire mettre en panne dans la mer des Sargasses. Banquier expérimenté, il a été le directeur adjoint de Pierre Mauroy, quand celui-ci était Premier ministre, puis il a dirigé successivement la Banque de Suez, la banque Stern et l'UAP qu'il a contribué à nationaliser. Expert du changement de cap, Peyrelevade rejoindra plus tard François Bayrou – un autre vertueux – puis deviendra vice-président du MoDem avant de s'intéresser à la primaire socialiste de 2011.

Peyrelevade porte une veste réversible.

Il est donc qualifié, aux yeux de Balladur, pour évaluer et réparer les graves erreurs commises par la gauche. Il va conduire le processus de privatisation du Crédit Lyonnais, sous sa casquette de président.

Très vite, pour affirmer son statut de redresseur de torts et de serviteur zélé, il va décider de me faire la peau.

C'est que je gêne…

Deuxième partie

LA SAGA JUDICIAIRE

1994-2006

1

CHAUSSE-TRAPES
ET EMBÛCHES PROCÉDURIÈRES

« Monsieur Tapie n'aurait pas dû aller en prison. Les faits ne le méritaient pas. Il a payé pour d'autres raisons. »

Déclaration de M. de Montgolfier, procureur
dans l'affaire OM/VA,
ayant lui-même requis… la prison ferme.

Ma banque commence ses attaques

A partir de la fin de 1993, la Banque va tenter progressivement de m'entraîner dans un dédale procédurier. Ce ne seront que pièges, ruses, faux-semblants, contre-attaques, embuscades. Ces gars-là veulent me ruiner. Ils se sentent dans leur bon droit : la presse m'a présenté comme un voyou, un gibier de potence, une racaille. Pour un match de foot, je suis devenu l'homme à abattre. La solution de la Banque est simple : viser un prétendu voleur de grand chemin pour dissimuler ses turpitudes.

Dès son arrivée à la tête de la Banque, Peyrelevade fait savoir que l'accord passé avec moi ne lui convient pas sur un point précis. Il ne souhaite pas que sa banque soit associée avec moi dans la société patrimoniale à créer, la NEWCO.

Cette modification de notre accord initial ne me semble pas très grave puisque la nouvelle proposition de la Banque me donne, en apparence, ma liberté et du temps. Je bénéficie d'un délai de quatre ans pour vendre mes actifs industriels et rembourser ainsi ce qui serait encore dû à la Banque. Si je ne parviens pas à vendre dans ce délai, ces actifs seront attribués à la Banque. En cas d'insuffisance (puisque je ne sais pas alors que la Banque s'est déjà plus que largement remboursée en revendant Adidas), le solde de la créance de la Banque sera garanti par la vente de mes biens personnels. Pour solde de tout compte. Je lis, je décortique le nouveau contrat. Pourquoi pas ? Je signe en mars 1994.

Je résume donc. Le mémorandum, Peyrelevade n'en veut pas. Il ne le signera pas. Il me propose de le remplacer par un simple contrat qui met un terme définitif à toute relation avec la Banque et j'ai quatre ans pour solder l'ensemble des comptes. Je dispose à cet effet de l'ensemble de tous mes actifs. Ce nouveau protocole précise que, avant le 13 mai 1994, une expertise de mes biens sera réalisée. Le PIÈGE, c'est qu'il ne sera pas précisé dans ce contrat qui a la charge d'effectuer cette expertise. Il est clair, dans mon esprit, que c'est toujours le bénéficiaire du gage, ne serait-ce que pour choisir l'expert, qui s'en charge. Aussi, vous pouvez deviner ma surprise lorsque le 17 mai, par l'intermédiaire d'un huissier, la Banque me fait savoir que l'accord est caduc parce que je n'ai pas produit le résultat de l'expertise. Je m'agite, je hurle, je m'engage à remettre cette expertise dans les quarante-huit heures si c'est à moi que revient la charge de la faire faire, peine perdue. Il n'est de pire sourd que celui qui ne veut entendre. Pas question de revenir en arrière. L'accord est rompu. Aucune mise en demeure, aucun préalable, juste le dessein visible, direct, brutal : m'abattre.

Le couperet tombe : comme l'accord est caduc, les créances deviennent immédiatement exigibles. Ma maison, mes meubles, tout va être saisi. Il ne me reste plus rien.

Non contente de m'avoir volé les premiers 2,3 milliards de francs avec Adidas, (beaucoup plus, quand on connaît la fin de l'histoire...), la Banque veut absolument tout me prendre.

Je vais être décrit comme un prédateur sans morale. Sauf que la Banque s'est aventurée dans tellement d'opérations à haut risque qu'il est impossible de la privatiser. Encore une fois, le nouveau président, Peyrelevade, insiste sur le fait qu'il veut se débarrasser de ses « actifs douteux » (dont moi) pour redevenir une banque normale, c'est-à-dire une entreprise juteuse susceptible d'être vendue aux Balladur boys.

Le chevalier blanc Peyrelevade me colle tout sur le dos. Les difficultés de la Banque ? Tapie. Les errements du marché ? Tapie. Les actifs pourris, les passifs bizarres, les activités off-shore, la chute du CAC 40, la Bérézina qui se profile ? Tapie.

En fait, tout va mal à la Banque. Le contribuable devra éponger une centaine de milliards – dont je ne suis nullement responsable. Mais j'ai bon dos. La vérité, Peyrelevade s'en moque. Il dirige le tir des journaux contre moi, il lance une campagne publicitaire, il vide les poubelles. L'ennui, c'est que Tapie n'est pas responsable de la poubelle « Executive Life » (voir page 210). Ni des autres coups tordus de la Banque.

Il faut préparer l'opinion. Ainsi, les fausses infos fusent. Je peux lire, dans un journal, que j'aurais tenté de déménager avec mes meubles, à la belle étoile. Le lendemain, un autre canard assure que mes tableaux de maître seraient des faux, que mes meubles d'époque seraient bidons, et j'en passe.

A l'automne 1994, la mauvaise foi de la Banque m'amène devant le tribunal de commerce de Paris où une éventuelle faillite pourrait me rendre inéligible.

Le calendrier politique joue alors doublement contre moi

Au niveau national, l'élection présidentielle de 1995 se présente bizarrement. A droite, Balladur a renié ses engagements envers Chirac. Il est sûr, certain, de l'emporter. Il est déjà calife à la place du calife. A gauche, Rocard parti, c'est le désert. Qui choisir ? On cherche. On re-cherche. On aperçoit une tête qui dépasse un peu : celle de Jacques Delors. L'homme est sérieux, c'est un social-démocrate modéré, il est à la fois catholique et social, il plaît à la droite et aux centristes. C'est tout sauf un trublion. Il respire la sagesse, avec cette touche d'ennui que procure la conscience des responsabilités. Il rassure. On l'incite donc à se mettre en avant. Le ring oppose désormais deux boxeurs calmes : Edouard Balladur et Jacques Delors. On sait que ces deux-là ne vont pas s'écharper, qu'on restera entre gens de bonne compagnie. Delors a, dirait-on, un léger avantage. C'est la moindre des choses.

Du moins, c'est l'opinion courante et celle des sondages.

Mais moi, je sens, je sais qu'il y a malentendu sur Delors. Il a le syndrome Ted Kennedy : celui-ci a toujours commencé par battre le candidat républicain, puis commence à perdre, puis se retire en cours de route. C'est une vieille leçon de François

Mitterrand : « En politique, il ne sert à rien d'être le préféré de ses adversaires. » De façon comparable, Michel Rocard, l'homme de gauche, avait les faveurs de la droite ; il a appris cette maxime à ses dépens. J'ajoute que Raymond Barre en avait une autre, de maxime : « Le premier qui sort du bois est tiré. » Excellent, non ?

Si bien que lorsque la rumeur Delors enfle, moi, je n'y crois guère.

Pire : je ne suis pas du tout certain qu'il sera candidat. Les journalistes l'attendent, l'espèrent. Les socialistes l'espèrent, l'attendent. Mais notre homme tergiverse, se tortille, soupèse, se tâte le pouls, oscille, barguigne, chipote, lanterne, répond en Normand, ménage la chèvre, le chou et la cuisinière. Bref, il est indécis.

Balladur et son équipe sont sur le qui-vive. Jacques Delors, pour ces gens-là, c'est un réel danger. Chirac ? Pffft, disparu. Il n'est plus sur la photo. A peine si l'on mentionne son nom parfois. Il est le loser suprême. Du coup, la droite prend contact avec moi : si le risque Delors se confirme, on pourrait peut-être m'utiliser contre lui...

Au niveau local, il est crucial de m'empêcher d'être candidat aux municipales à Marseille où ma popularité reste intacte. Curieusement, mes ennuis judiciaires la renforcent. L'attaque de la Banque contre mes entreprises et moi-même est cousue de fil blanc. N'importe quel Marseillais est capable de voir ce qui se joue : Méhaignerie et ses procureurs protègent Jean-Claude Gaudin qui, après avoir été l'adjoint de Gaston Defferre, a réussi à se construire une nouvelle image. De leur côté, les socialistes marseillais croient pouvoir reconquérir la mairie, à condition de m'éliminer. Décidément, tout le monde veut ma peau !

Je ne suis pas un cynique. Mais je remarque que mes adversaires, eux, le sont.

2

DU REDRESSEMENT À LA LIQUIDATION ET À LA FAILLITE

Le redressement judiciaire

A l'automne 1994, comme nous l'avons vu plus haut, la mauvaise foi de la Banque m'amène devant le tribunal de commerce de Paris où une éventuelle faillite pourrait me rendre inéligible.

Malgré sa vindicte et ses trépignements, le tribunal qui examine la demande de la Banque de me mettre en liquidation et en faillite ne donne pas suite. Mes comptes sont clairs. La situation de mes entreprises ne le justifie pas, il n'y a donc pas lieu d'envisager une procédure collective de liquidation, mais simplement un redressement judiciaire de BTF SA, GBT, ACT et FIBT (jugements du 30 novembre 1994), tout en notant que « la tentative de règlement amiable reste illusoire tant elle est catégoriquement refusée par les deux créances, la SDBO et le fisc, qui multiplient les mises en demeure, les saisies et les mises en recouvrement ».

Voyant les pressions, les courriers recommandés et autres menaces dirigées contre moi, maître Lagarde, mon avocat de l'époque, organise un rendez-vous avec M. Rougier, président du tribunal de commerce. Voyant bien mon désarroi face à l'attitude de ma banque, il m'affirme : « Monsieur Tapie, mettez-vous sous la protection du tribunal de commerce car, moi président, la politique ne rentrera jamais dans mon tribunal. » Je ne peux pas vous décrire le soulagement que je ressens à cet instant, et les remerciements chaleureux que je lui adresse. Ça ne durera pas…

Sur le plan politique, le suspense prend fin. Le 11 décembre 1994, Jacques Delors, au micro d'Anne Sinclair, déclare que non, finalement il ne sera pas candidat. Le soupir de satisfaction de la droite a dû s'entendre jusqu'en terre Adélie. Delors out, Tapie ne sert plus à rien. Mais pire : il faut maintenant s'occuper de lui pour l'empêcher de prendre la mairie de Marseille à Gaudin.

Dès le lendemain, le 12 décembre, je suis de nouveau dans le collimateur. Le matin même, *Les Echos* annoncent : « Redressement fiscal de Tapie de 600 millions ! » C'est totalement extravagant. L'après-midi, une dépêche de presse tombe : la Banque, cette fois, annonce que je lui dois 3 milliards de francs. Ces deux informations surprenantes arrivent d'autant plus mal que dans deux jours le

14 décembre, le tribunal de commerce doit examiner mon cas personnel. Les services du directeur de cabinet de M. Balladur, M. Bazire, que j'essaie de joindre, sont aux abonnés absents.

Je veux vous dire dès maintenant qu'en réalité, quand les créances seront devenues définitives, c'est en fait 900 millions de francs et non pas 3 milliards, le montant de la créance bancaire, dont 75 % ont servi, sur instructions de la Banque, à sortir BTF de la Bourse. Et la créance fiscale sera de l'ordre de 100 millions, soit six fois moins que celle annoncée !

M. Méhaignerie, garde des Sceaux, dans une interview du 12 décembre au soir, indique que je devrais être mis en liquidation de biens car mes sociétés ne pourront jamais rembourser autant de dettes.

Curieusement, il va se passer le 14 décembre un fait exceptionnel dans les annales du tribunal de commerce. Il faut savoir que la loi peut condamner un dirigeant à être en liquidation de ses biens, exclusivement en extension de la liquidation des biens de sa ou de ses entreprises.

Je vais donc avoir le privilège unique d'avoir été mis en liquidation des biens, c'est-à-dire en faillite personnelle, avant que mes sociétés ne le soient.

Résultat immédiat : je suis inéligible !

Résultat du résultat : Tapie a cessé de nuire.

C'est ce qu'ils croient. La guerre ne fait que commencer...

Une liquidation stupéfiante

Je rappelle que les trois quarts de ma créance bancaire de 900 millions avaient servi pour que ma société BTF SA sorte de la Bourse en rachetant les actions des petits porteurs. Je ne comprenais pas, puisque n'étant plus aux manettes de la gestion de mes entreprises depuis 1992, quel était l'intérêt d'une telle décision.

En fait, bien plus tard je comprendrai qu'il s'agit pour eux de contrôler tout BTF SA pour éviter qu'un actionnaire quelconque ne puisse s'immiscer dans le processus de vente d'Adidas, qui appartenait à BTF SA.

Pour ce faire, le dépouillement se poursuit.

Le dépouillement se poursuit

Les sociétés de mon groupe sont placées en redressement judiciaire, c'est entendu. La cour d'appel n'a pas mis en liquidation BTF SA, la société sur laquelle la Banque a commis sa malversation :

en cas d'introduction en Bourse, impossible d'exposer les faits, qui doivent rester secrets, du point de vue de la Banque.

Donc, la Banque a sollicité et obtenu la liquidation et la confusion de patrimoines, sauf en ce qui concerne BTF SA. Cette demande aurait dû surprendre le juge. Car, en produisant ses prétendues créances contre BTF SA, la Banque a dissimulé qu'elle est débitrice de la société, en raison de la captation d'actifs déjà réalisée. Contre toute logique, le tribunal de commerce a donné une suite favorable à la demande du Lyonnais et lui attribue mes actions de BTF SA pour le prix ridicule de 500 millions de francs. C'est insignifiant, au regard de la vraie valeur de l'entreprise.

En réalité, ce prix ne correspond qu'à la valeur des autres actifs de la société (Testut, Terraillon, Trésorerie positive, etc.) et non à la vraie valeur des actions entièrement déterminée par les gains frauduleux, effectifs ou potentiels, autour d'Adidas. Encore ce prix n'était-il pas payé effectivement et ne viendrait donc pas abonder l'actif de ma liquidation puisque la SDBO obtenait du tribunal, pour le compte du Crédit Lyonnais, que les 500 millions soient compensés par les créances que la Banque prétendait détenir encore contre moi.

C'est ainsi que la Banque – qui a jusque-là soutenu devant le tribunal que toutes mes sociétés rencontraient de graves difficultés financières, que c'est en somme par grandeur d'âme qu'elle a continué à m'aider malgré ma situation calamiteuse – s'empresse de se porter acquéreuse sans bourse délier d'une société qu'elle a présentée peu avant comme un lamentable canard boiteux. Evidemment, cette contradiction qu'un enfant aurait pu pointer ne soulève pas le moindre étonnement de la part des juges du tribunal de commerce.

Grâce à cette nouvelle manipulation, la SDBO a donc pris le contrôle de BTF SA dont elle va changer le nom en CEDP puisque bien sûr mes seules initiales sont une insulte à la toute nouvelle morale du Crédit Lyonnais. En se faisant attribuer les actions de BTF SA, la SDBO et le Crédit Lyonnais ont deux objectifs : mener à bonne fin l'escroquerie déjà entamée autour de la vraie valeur d'Adidas, et surtout se mettre à l'abri de toute action judiciaire ultérieure en contestation de cette vente. Le schéma tactique est logique. Puisque c'est BTF SA qui a chargé la Banque de vendre Adidas, seule cette société peut, dans l'esprit des dirigeants du Lyonnais, se plaindre de la spoliation subie à cette occasion du fait du mandataire. Mais dès lors que ce mandataire devient propriétaire de la société victime de ses agissements, on n'imagine plus que le Crédit Lyonnais vienne intenter une action contre lui-même.

Imparable.

Mais comme toujours dans ces cas-là, il arrive des aléas qui ne leur permettront pas de se mettre définitivement à l'abri de ce risque.

En effet, à l'issue de l'opération de retrait des actions BTF SA de la Bourse, il va rester quelques actionnaires qui n'auront pas, ou pu, ou su, que BTF SA allait sortir de la Bourse et, en conséquence, des milliers d'entre eux sont encore actionnaires de BTF SA. Une disposition légale prévoit, lorsque moins de 5 % du capital restent actionnaires, une opération nommée « retraits obligatoires » peut être engagée. Dans ce cas, un expert est désigné, il fixe la valeur de l'action et les actionnaires restants sont obligés de céder leurs actions au prix d'expertise. Quelques-uns d'entre eux, ayant des soupçons sur la cession d'Adidas à 2,085 milliards – pensant que j'étais peut-être dans le coup de cette sous-évaluation – vont saisir la cour d'appel pour dénoncer ce coup de force. Ils vont obtenir gain de cause. Dans un jugement, la cour d'appel va signifier qu'il s'agit d'une truanderie, et le 30 mai 2000 elle rendra un jugement très sévère qui empêchera l'opération d'aboutir et qui, de ce fait, va entraîner ces petits porteurs à se regrouper dans le cadre d'une association organisée avec à sa tête un président très actif. Ils vont d'ailleurs avoir un rôle capital à plusieurs niveaux, qu'on aura l'occasion de détailler ultérieurement.

Peyrelevade coupe les branches malades

Le vertueux Peyrelevade, de son côté, n'a pas oublié qu'il a reçu comme mission de rendre le Crédit Lyonnais présentable. Traduction : achetable par les Balladur boys. Or, le Crédit Lyonnais n'est pas présentable du tout. Il a pris des risques considérables dans de nombreux domaines. Il détient une foule d'actifs douteux. Il est engagé dans des activités n'ayant rien à voir avec le métier d'une banque. Il est toujours englué dans l'affaire américaine Executive Life. Celle-ci et d'autres opérations (on ne connaît pas encore le détail du dossier Adidas) révèlent que le Lyonnais utilise des méthodes plus proches de celles des truands internationaux que de celles des banquiers traditionnels. Bref, dans l'état où Peyrelevade l'a récupéré, le Crédit Lyonnais est un véritable épouvantail. Et encore, je suis poli.

Peyrelevade, économiste génial, à l'intelligence aussi souple que ses convictions, a une excellente idée. Excellente et simplissime : il suffit d'isoler les actifs « pourris » (en réalité la plupart des participations industrielles du Lyonnais) dans une société qui appartiendra à l'Etat et dont les risques seront assumés par les contribuables, puis de conserver au sein du Crédit Lyonnais – redevenu une simple banque – les activités bénéficiaires qui, elles, pourront profiter aux futurs actionnaires privés. Toute la philosophie économique de Balladur se retrouve dans ce montage : à l'Etat les pertes, aux amis les bénéfices.

C'est ce qui s'appelle un partage équitable.

Peyrelevade va donc créer le Consortium de réalisation (CDR) qui reprendra 28,3 milliards d'actifs douteux du Crédit Lyonnais et sera cédé à un établissement public créé pour l'occasion, l'EPFR, tout en conservant le statut de société commerciale de droit privé. En fait, l'appellation CDR désigne un groupe constitué de cinq unités : CDR Créances (qui succède à la SDBO), CDR Participations (c'est l'ancienne CLINVEST), CDR Immobilier, CDR Entreprises, CDR Finance (la banque du groupe). Vous suivez ? Non ? C'est normal, c'est fait pour noyer le poisson.

Et, en effet, le poisson est presque noyé.

Tous les actifs transférés au CDR ne sont pas mauvais, moins encore pourris. Mais ceux qui sont bons seront revendus dans des conditions scandaleuses qui constitueront un véritable vol perpétré contre l'Etat, puisque c'est lui qui assumera les pertes liées à la réalisation des plus mauvais actifs. Ainsi encore le CDR revendra-t-il, après redressement, la SDBO au Crédit Lyonnais, son ex-propriétaire, pour un prix là encore très inférieur. Excellente affaire pour le Lyonnais. En revanche, dans l'affaire Executive Life, où l'on ne peut pas s'arranger entre copains boursicoteurs mais où il faut passer par les conditions de la justice américaine, le contribuable sera seul à payer le milliard de dollars de la transaction, au profit du Lyonnais et là aussi de François Pinault. Il est à noter que cette transaction-là, contrairement à l'arbitrage organisé dans le litige m'opposant au Lyonnais, n'a jamais fait l'objet de la moindre polémique, du moindre soupçon de la part des Bayrou, de Courson et autres aboyeurs de sacristie.

Le dispositif envisagé par Peyrelevade comporte cependant une faiblesse. Ainsi débarrassé de ses branches malades, l'arbre Crédit Lyonnais doit immanquablement revenir à des bénéfices. Il faut sauver les apparences. C'est pourquoi la cession des actifs douteux a été accompagnée, en 1995, d'une clause dite « de retour à meilleure fortune ». En clair, le Crédit Lyonnais s'engage à verser au CDR 30 % des bénéfices qu'il réalisera jusqu'en 2014 pour l'aider à éponger une partie de ses pertes probables. Cette clause de décence est cependant gênante, car elle risque de décourager des acheteurs potentiels lors de la privatisation du Lyonnais. Pour régler cette difficulté, c'est encore l'Etat qui met la main à la poche. En échange d'une hausse (de 81 à 89 %) de ses parts dans la Banque, il fournit au Lyonnais les moyens de racheter cette clause en versant une somme forfaitaire au CDR.

Après ce nettoyage, le Crédit Lyonnais, remis en beauté, est enfin prêt à être vendu. La privatisation se fera en deux temps. En 1999, 50 % du capital sont placés en Bourse, l'Etat en conserve 2 % et passe un accord avec le Crédit agricole, Axa, Allianz et les AGF. En 2003, une offensive boursière de BNP-Paribas oblige l'Etat à intervenir pour permettre au Crédit agricole, candidat de Peyrelevade, de prendre le contrôle de la Banque. Peyrelevade peut s'en aller vers d'autres cieux financiers. En dix ans de présidence, de 1993 à 2003, il a très consciencieusement servi les intérêts successifs de MM. Balladur, Chirac, Jospin, puis Chirac à nouveau. Et il s'est offert une belle image en me tapant sur la tête, en tout cas le croyait-il !

Quant au CDR, il a cessé d'exister, sauf pour l'exécution de ses dernières affaires (dont la mienne, bien sûr), en 2006. Les experts estiment qu'à cette date il a perdu 16 milliards d'euros, un peu plus de 100 milliards de francs. Evidemment, quand on doit gérer des affaires douteuses et offrir simultanément des cadeaux à ses amis, il est difficile de veiller aux deniers de l'Etat.

On se dira naturellement que, pour avaler une couleuvre de 16 milliards d'euros, il faut trouver des dirigeants pas trop regardants et au système digestif assez souple. Dans le cas du CDR, M. Madelin, nouveau ministre UDF de Balladur (comme Méhaignerie et Gaudin et comme à un moment Bayrou) a trouvé le dirigeant idéal. Il a fait nommer comme président Michel Rouger. Qui est donc ce

Rouger ? Un banquier célèbre ? Un économiste ? Un grand industriel ? Pas du tout. Michel Rouger était, jusqu'à sa nomination, le... *président du tribunal de commerce de Paris* (indépendant) ! Nous aurons l'occasion d'en reparler plus loin.

Comme disent les gosses, même pas honte !

Mais mes ennemis ne vont pas s'arrêter là.

Deux actions vont être menées de front. La première, des plaintes pénales déposées conjointement par le parquet et par la Banque et une expertise, ordonnée par le tribunal de commerce pour savoir comment la gestion entre la Banque et mon groupe a été organisée.

Quand Eva Joly se pointe

C'est Mme Joly qui va être choisie pour diriger l'enquête pénale contre moi.

Cassante, autoritaire, sûre d'elle-même, ne répugnant pas à quelques manœuvres tactiques au nom de la rénovation de la vie publique, moralisatrice, incapable d'avaler un échec, toujours prête à se mettre en avant, Eva Joly n'a, Dieu merci, pas su convaincre une foule d'électeurs, lors de la présidentielle de 2012. Malgré ce désaveu cinglant, qui ne lui a rien appris, elle s'est aussitôt proposée pour un poste de haut-commissaire contre la corruption.

Elle se vante d'avoir démantelé les grands réseaux de corruption, notamment dans le dossier Elf. En fait, elle n'a rien démantelé du tout. Car, interrogez ses collèges, ils vous diront tous la même chose : méthodes expéditives, pratique du chantage à la détention, jugements hâtifs, etc. Il n'était pas rare de trouver dans *Le Monde* (imprimé à 9 heures du matin) la liste des questions qu'elle allait poser à 10 heures à un témoin.

Mme Joly commence bille en tête : je suis mis sur écoute, car, élu au Parlement européen (j'ai été élu en 1994), je vais récupérer mon immunité parlementaire et il est urgent d'enfoncer les clous de mon cercueil. Eva Joly veut me mettre en examen dans la minute. Elle est pressée.

Elle fait donc relever mes conversations téléphoniques, notamment celles avec le président du MRG. A cette époque, Jean-François Hory, qui siège déjà au Parlement européen, entretient à Bruxelles des relations privilégiées avec le Front Patriotique Rwandais, le FPR de Paul Kagame, qui est en train de prendre le pouvoir contre la dictature corrompue des Hutus régnant à Kigali. La victoire militaire du FPR semble déjà assurée, mais les rebelles impuissants assistent au plus terrible génocide de ces dernières années – on parle de 800 000 à 1 million de morts, majoritairement des

Tutsis – entre avril et juin 1994. Une représentante du FPR est d'ailleurs venue témoigner publiquement de cette tragédie qui se déroule à l'abri du cordon tracé par les troupes de l'Onu et surtout par les militaires français de l'opération Turquoise. Un scandale que, dans ce moment, seuls Bernard Kouchner, les radicaux et moi avons dénoncé.

Le FPR nous a invités à nous rendre au Rwanda pour témoigner, grâce à ma relative notoriété, du drame qui se déroule dans l'indifférence générale. J.-F. Hory me fait part de cette invitation en précisant qu'il faut y répondre mais en avertissant le ministère des Affaires étrangères et le ministère de la Justice. On ne peut pas être plus clair et plus loyal. Evidemment, ces conversations téléphoniques se déroulent, comme toujours entre des amis, sur un ton peu diplomatique et peu précautionneux. A cela s'ajoutent les sottises des policiers chargés des écoutes et qui accumulent les erreurs dans leurs retranscriptions.

Mais le prétexte de ce projet de voyage suffit à Eva Joly. Je vais m'enfuir au Rwanda pour échapper à la justice française qu'elle croit incarner. Inexplicablement, la retranscription tronquée des écoutes téléphoniques, théoriquement secrètes, se retrouvera dans les colonnes du *Canard enchaîné* et du *Nouvel Observateur*. Dans ce dernier hebdomadaire, Jean Daniel, autre moraliste patenté, a le scrupule de demander un droit de réponse à J.-F. Hory. Celui-ci le produit immédiatement en remettant les choses au point ; son texte avalisé par le FPR ne sera jamais publié par l'*Observateur*. Plus tard, nous aurons même la surprise de voir cet épisode commenté par un « écrivain » aussi obscur que sentencieux dans les colonnes du *Monde* sous un titre particulièrement amusant : « Les Pieds Nickelés à Auschwitz ». Humour de mauvais aloi...

Au diable les détails, les scrupules et la vérité ! Eva Joly demande en urgence la levée de mon immunité parlementaire. Cette demande va être approuvée à une grande majorité, menée et argumentée par un certain Pierre Mazeaud (déjà une proximité !). Elle me fait donc interpeller, dès le lendemain matin, à 6 heures, menottes aux poignets, devant toutes les caméras de télévision réunies devant mon domicile et me fait traîner en fourgon de police comme un criminel jusqu'à son cabinet pour me signifier mes innombrables chefs de mise en examen. La chasseuse croit avoir piégé un bon gibier.

Face à elle, je découvre une femme taillée dans la glace norvégienne. Pas un mot de courtoisie. Quant à sourire... Pour elle, c'est clair, mon cas est entendu, jugé, réglé. Elle me voit déjà dans un cul-de-basse-fosse, comme au temps de Louis XI.

Mais sur ce dossier, comme sur tous les autres, les informations fusent, les mauvaises nouvelles s'accumulent, les preuves de ma turpitude sont commentées. Je vais donc perdre ce procès et être condamné avant qu'il ait lieu.

3

UNE VÉRITE QUI SE FAIT JOUR

De son côté, l'expertise ordonnée par le tribunal de commerce vient de rendre ses conclusions. Elles sont totalement à l'opposé de ce qui était souhaité et prévu. En effet, elles déclenchent une ouverture d'information parce que la société Testud aurait participé au financement modeste, mais réel, de la campagne d'un de mes colistiers aux élections régionales, Léon Schwartzenberg, dans les Alpes-Maritimes. Ce reproche ne pourra pas prospérer car il est en réalité non fondé, mais il aura permis au juge, à l'occasion de perquisitions au siège de la Banque, de découvrir des conventions secrètes par lesquelles la Banque a consenti des prêts à recours limité aux différentes sociétés off-shore qui, selon elle, n'avaient rien à voir avec ses intérêts et qui apparaissaient en réalité comme les acquéreuses de mes actions Adidas. Or, les détails des conditions de ces prêts et l'opacité organisée des sociétés bidons montrent clairement que la Banque a monté une opération irrégulière. Pour autant, l'accord entre le Lyonnais et Robert Louis-Dreyfus demeure secret.

Malgré tout, le juge a levé un lièvre. Et le lièvre se met à courir vite.

Les experts, mis au courant, déduisent que la Banque a fait un montage irrégulier.

Eva Joly, elle aussi, prend connaissance de ces pièces secrètes. Mais elle considère que ces découvertes sont des anecdotes, qu'elle n'est pas saisie de ces montages et qu'elle n'a pas à s'en occuper.

Les dirigeants de la Banque nient ces montages. Ils n'ont fait que des trucs honnêtes, ils sont blancs comme neige, ils sont parfaitement droits dans leurs bottes, ils n'ont rien à se reprocher, ils iront au paradis direct. Ils soutiennent, dans un premier temps, que les conventions de prêt ne prouvent rien. Ils se gardent bien de mentionner que les accords de revente à Robert Louis-Dreyfus ont été passés deux mois *avant* la vente officielle. Ces documents ultra-secrets, dont le juge n'a pas connaissance, doivent rester ignorés. Le hasard des banquiers fait bien les choses… le 5 mai 1996, un incendie avec plusieurs départs de feux (totalement accidentels, pour sûr) détruit le siège parisien de la Banque. Et, oh là là, quelle malchance ! Les archives de la Banque, entreposées au Havre, sont également détruites par un incendie.

Il faut toujours se méfier des archives.

Le tribunal de commerce, lui, va comprendre, sur la base du rapport Tourin, dressé par le collège des experts désignés, ce que tout le monde sait déjà : la Banque a été malhonnête. Mais là, la preuve s'étale publiquement.

Le tribunal ordonne également une nouvelle mesure d'instruction, en l'occurrence une expertise sur les conditions de la vente d'Adidas, désormais éclairée d'un jour nouveau.

Il ne peut cependant pas ne pas voir l'aspect le plus aveuglant qui est d'ores et déjà établi, à savoir l'énorme profit réalisé à mes dépens par la Banque. C'est pourquoi il décide, le 7 novembre 1996 (déjà !), de condamner la SDBO à payer immédiatement aux liquidateurs la somme de 600 millions de francs à titre de provision. Je dis bien « provision ». On appelle ainsi les sommes souvent modestes allouées par les tribunaux aux victimes au début d'une procédure risquant d'être assez longue. Pour la Banque, la barque commence à tanguer.

Evidemment, elle fait appel de cette condamnation.

C'est lorsque nous nous sommes présentés en audience à la cour d'appel que j'ai compris l'objectif de l'action pénale déclenchée sur les plaintes de la Banque. En effet, les conseils de la Banque ont demandé au tribunal de prononcer un sursis à statuer puisqu'une action pénale était en cours. Autrement dit, ils ont été condamnés, ils ont fait appel et ils souhaitent que l'audience d'appel n'ait pas lieu.

Ce blocage va permettre de gagner de nombreuses années.

Je vais très vite comprendre qu'en fait il y a des bons juges et des mauvais juges. Tout le monde a compris qu'Eva Joly est un bon juge.

Quand un juge est sanctionné pour son intégrité

Je vais vous parler maintenant d'un mauvais juge, Jean-Pierre Murciano. En poste à Grasse, il a eu à connaître, avec succès, de nombreuses affaires, où responsables politiques et maffieux se côtoient volontiers. Il est franc et indépendant. C'est lui qui entend, en 1997, Michel Gallot, président de la SDBO, sur les concours de la Banque à un promoteur immobilier local. Il est manifeste dans ce dossier que le groupe Crédit Lyonnais a perdu pas mal d'argent pour aider quelques amis promoteurs. L'audition terminée, Michel Gallot et Jean-Pierre Murciano s'entretiennent de façon informelle et hors procès-verbal.

S'agit-il pour le responsable de la SDBO de compenser la désastreuse impression faite au juge par l'affaire immobilière ? S'agit-il d'exprimer une sorte de remords ? Est-ce de la forfanterie ou de la puérilité ? Lorsque le juge lui dit : « Vous en avez tout de même quelques-uns des cadavres que vous avez financés et qui ont ruiné votre banque… Comme Executive Life ou Bernard Tapie… », « La banque n'a pas perdu d'argent avec Tapie, répond Gallot, elle en a même gagné, beaucoup, à l'occasion, lors de la vente d'Adidas. Peyrelevade lui-même l'a reconnu. » Et Gallot d'ajouter : « Plusieurs responsables de la banque s'interrogent sur les aspects déontologiques et moraux de leur comportement à son égard. » Il a vendu la mèche.

Secrets ou pas secrets, le juge Murciano estime que de tels agissements ne peuvent pas rester impunis. Il a vu, peu de temps avant, une émission de TF1 sur le litige Lyonnais/Tapie et pense, à juste titre, que les confidences inattendues de Michel Gallot éclairent l'affaire d'une lumière nouvelle. Il n'a pas tort. Il rédige donc une note résumant la conversation qu'il vient d'avoir et l'adresse à Eva Joly dont il sait, comme la France entière, qu'elle est saisie des plaintes pénales me visant et qu'elle doit donc, comme c'est la loi, les instruire. Comme l'homme ne fait rien à moitié, il m'envoie le 1er décembre 1997 copie de cette note et m'autorise à la produire en justice si je l'estime utile. C'est dire qu'à ce moment-là, Jean-Pierre Murciano n'a pas d'hésitation et se trouve certain d'agir dans le sens de la justice.

De fait, Eva Joly décide d'entendre Michel Gallot à laquelle il confirme les propos tenus au juge Murciano.

Sur le fond, il semble donc que ma situation s'améliore. Mais, pour la forme, la presse fait surtout grand cas de la démarche inhabituelle du juge de Grasse. Comment donc, voilà un magistrat qui vient en quelque sorte au secours d'une personne comme moi, d'un malfaiteur notoire ! Sans doute ce scandale mérite-t-il une sanction professionnelle, n'est-ce pas ?

Ce n'est pas l'avis du directeur des affaires judiciaires de la chancellerie qui estime, en juin 1998, qu'il n'y a pas dans cette transmission matière à sanctions disciplinaires.

Le haut fonctionnaire s'est prononcé un peu rapidement en ne considérant que l'importance réelle des faits et l'objectif visé, celui du progrès de la vérité. Mais en février 1999, le cabinet d'Elisabeth Guigou, ministre de la Justice, probablement reconnaissante de lui avoir permis d'être sur mes listes aux élections régionales de 1992, fait savoir que la garde des Sceaux a bel et bien saisi le Conseil supérieur de la magistrature qui devra statuer sur ce qu'elle appelle un « manquement à l'honneur et à la probité », c'est-à-dire une faute d'une exceptionnelle gravité susceptible d'entraîner la révocation de Jean-Pierre Murciano. Cette annonce et la qualification retenue sont importantes lorsqu'on sait que c'est la garde des Sceaux qui soutient l'accusation dans les procédures disciplinaires devant le Conseil supérieur de la magistrature.

Cette affaire va beaucoup occuper les milieux judiciaires (magistrats, avocats, chroniqueurs) à la fin de l'année 1999 et au début 2000. Elle est certes peu ordinaire mais elle intéresse surtout parce qu'elle me concerne. Un juge soupçonné d'avoir partie liée avec Bernard Tapie, ce n'est pas banal. Le syndicat de la magistrature prend fait et cause pour le juge Murciano. De nombreux magistrats le font également à titre individuel. L'accusé – puisqu'il faut bien utiliser ce terme – reçoit même le soutien du procureur Eric de Montgolfier dont on ne peut pas dire qu'il soit de mes amis mais qui a eu, lui aussi, maille à partir avec les réseaux mafieux (souvent très entremêlés avec certaines loges maçonniques) de la Côte d'Azur.

A la fin, la montagne accouche d'une souris. Le 19 avril 2000, le Conseil supérieur de la magistrature prononce une réprimande contre Jean-Pierre Murciano. C'est la plus faible sanction disciplinaire possible et chacun comprend qu'on l'a retenue uniquement pour justifier après coup le déferlement procédural provoqué par la ministre de la Justice. Tout en annonçant qu'il va faire appel de cette pauvre décision, l'avocat du juge trouve le mot juste : « Se faire réprimander pour avoir dit la vérité est un honneur. » Mais il relève appel de cet honneur. Et en 2003, le Conseil d'Etat annulera la fameuse réprimande.

Les déboires du juge Murciano m'ont permis de mesurer l'estime et l'affection dans lesquelles me tiennent Lionel Jospin et quelques-uns de ses ministres. Innocent, peut-être. Mais infréquentable, dans tous les cas.

Le Tapie reste un individu à éviter. Voire à fuir.

Les affaires de la Banque s'aggravent

Dieu merci, l'incendie évoqué plus haut ne s'est pas propagé jusque dans le bureau du juge de Béthune. Les pièces saisies sont épargnées par les flammes. Parmi celles-ci se trouve la promesse de vente à Robert Louis-Dreyfus, datée du 12 février 1993, c'est-à-dire le jour même de l'acquisition par les sociétés off-shore. En somme, c'est le *smoking gun*, une des pièces manquantes du puzzle. Le document est d'autant plus incriminant qu'il porte sur la somme de 4,4 milliards de francs, soit une plus-value instantanée de 2,3 milliards. C'est là qu'on s'aperçoit que le véritable premier acheteur d'Adidas, c'est la Banque. D'ailleurs, Robert Louis-Dreyfus ne tardera pas à reconnaître qu'il n'a jamais été en contact avec les sociétés off-shore intercalées entre lui et la Banque, qu'il a négocié la totalité de l'acquisition avec les dirigeants de la Banque directement. Il affirme n'avoir jamais su que mon groupe avait vendu les actions à 2,085 milliards.

La vérité nue, enfin !

Toutefois, Robert Louis-Dreyfus n'apparaît, dans le montage, que sous la forme d'une promesse de vente. Il lui faut lever l'option pour transformer cette promesse en vente effective et, pour cela, obtenir le financement des 4,4 milliards prévus. C'est précisément à la fin de 1994, alors que la Banque vient d'obtenir le redressement judiciaire des sociétés de mon groupe et ma liquidation personnelle, que Robert Louis-Dreyfus lève l'option et devient propriétaire. Il a une bonne raison pour le faire. Depuis le 10 février 1993 (soit deux jours avant la promesse de vente), CLINVEST s'est engagée pour le Lyonnais à lui prêter la somme nécessaire. Le prêt est en effet accordé au taux de 6 %, avantageux pour l'époque, mais assorti d'une clause d'intéressement : le Crédit Lyonnais encaissera 25 % de la plus-value à enregistrer lors de l'introduction d'Adidas en Bourse, prévue et réalisée à la fin de l'année 1995. Peyrelevade finira par reconnaître cet accord et fixera à 1,12 milliard de francs le gain supplémentaire de sa banque, tout aussi illicite que les 2,3 milliards empochés en 1993. Robert

Louis-Dreyfus, de son côté, déclarera dans une sommation interpellative que la somme reversée au Lyonnais était bien supérieure à 1,12 milliard, mais qu'il était tenu sur ce point par la confidentialité des accords passés. Je ne remercierai jamais assez Robert Louis-Dreyfus d'avoir permis de mettre au jour ce fameux secret.

Le bilan est simple : le Crédit Lyonnais a donc enfreint deux règles juridiques strictes. Contre les dispositions de la loi et l'obligation générale de loyauté, il m'a dissimulé les vraies conditions (identité de l'acheteur et prix) de la vente pour laquelle je l'avais mandaté. Il s'est porté contrepartie en devenant dans un premier temps l'acquéreur véritable à un prix minoré et en s'associant, avec des profits frauduleux énormes, à l'acheteur qu'il avait choisi avant même de recevoir le mandat de vente.

Difficile de commettre des fautes aussi graves pour une banque ayant encore caractère public. Encore faut-il y ajouter une fraude supplémentaire, à l'égard du fisc cette fois, puisque l'opacité du système des sociétés off-shore n'a pas permis de soumettre à l'impôt les plus-values fabuleuses réalisées à cette occasion. Jusqu'à aujourd'hui, je n'ai pas connaissance que les services de Bercy aient entrepris de faire payer par le Crédit Lyonnais les impôts dus à l'Etat et je n'ai pas plus entendu ceux qui critiquent l'arbitrage final s'émouvoir de « cette fraude fiscale éhontée », n'étant même pas certain que le (ou les) destinataire(s) final(aux) des fonds payés dans les sociétés off-shore ont bien fini leur course dans les caisses de la Banque.

Quant à la société de Robert Louis-Dreyfus, étant luxembourgeoise, elle a échappé à toute imposition de plus-values en interposant, sur les conseils de la Banque publique, une société étrangère, SOGEDIM. Ce sont aussi plusieurs milliards qui ont ainsi échappé aux impôts. Ce n'est plus de l'« optimisation fiscale », c'est carrément de la carambouille, génialement organisée.

Il reste que les parlementaires de la commission d'enquête ont été un peu étonnés d'entendre Peyrelevade admettre finalement le détail de cette opération, comme s'il s'agissait pour lui de se féliciter d'un bon coup réalisé par les excellents gestionnaires du Lyonnais puisqu'il a benoîtement expliqué que la Banque avait, par ses sociétés-écrans, réalisé pour son propre compte « une opération de portage ».

Devant l'énormité de cet aveu et de ses conséquences, Peyrelevade a tenté, par la suite, d'apporter à plusieurs reprises des « précisions », allant même jusqu'à soutenir qu'il ne connaissait pas – après avoir tout de même présidé deux autres banques et une compagnie d'assurances – le sens juridique du mot « portage » et qu'on l'a donc mal compris.

Quelles qu'aient pu être les dénégations de Peyrelevade et de ses collaborateurs, la découverte des documents « secrets » a suffi à établir la réalité de la fraude et de la spoliation. La religion des experts, à ce moment-là, a été faite.

Un jugement provisionnel et des minoritaires récalcitrants

A ce stade il y a bien deux liquidateurs représentant à la fois mes trois sociétés placées en liquidation (GBT, FIBT, ACT, puisque la société BTF SA a été captée au passage par le Crédit Lyonnais) et moi-même ainsi que mon épouse puisque nous avons choisi d'être personnellement responsables des résultats, bons ou mauvais, de mes sociétés. Mais nos liquidateurs vont bientôt être épaulés.

En effet, la Banque pense que je ne pourrai pas protester contre les conditions de vente et de revente d'Adidas. Comme je l'ai expliqué, elle pense avoir éliminé son seul adversaire, puisqu'elle a lancé par ailleurs une offre publique de retrait (OPR) avec rachat obligatoire des actions détenues par les minoritaires de l'ancienne société BTF SA, devenue sous sa houlette CEDP.

Malheureusement pour la Banque, le 29 octobre 1999, le Conseil des marchés financiers de Bourse déclare irrégulière cette OPR trop manifestement lancée pour éliminer les actionnaires minoritaires (conformément, on l'a vu, à la décision de la cour d'appel de Paris).

Une fois de plus, la Banque, qui espère toujours l'emporter par des manœuvres dilatoires, va faire appel de la décision du Conseil des marchés financiers. Mais la cour d'appel de Paris ainsi saisie va rendre, le 30 mai 2000, un arrêt confirmant la décision du Conseil dans des termes particulièrement sévères pour le CDR et donc aussi bien pour le Crédit Lyonnais, qui lui a légué cet héritage, que pour l'Etat, qui tente déjà de limiter les dégâts. Voici l'attendu (très explicite) de la décision de la cour d'appel :

> « Considérant, par ailleurs, que la société CDR, qui figure parmi les parties défenderesses à l'instance en paiement de dommages-intérêts engagée par la société CDEP, dispose avec l'offre de retrait tendant à la réunion, entre ses mains, de la totalité des actions de cette société, soit du moyen de bénéficier exclusivement, en cas de condamnation de l'une des parties, de la valorisation de ses titres au détriment de ceux qui ont fait engager la procédure, soit, plus sûrement, d'un procédé lui permettant d'éviter une condamnation personnelle préjudiciable à ses intérêts financiers ou à son image en cherchant à dessaisir le mandataire *ad hoc*, privé du soutien de ceux qui l'ont fait désigner, et mettre un terme à la procédure. »

Sept ans de démêlés commerciaux, six ans de procédures judiciaires, et voilà le résultat : la situation du Crédit Lyonnais et donc du CDR est désespérée. Tout le montage frauduleux est connu, même si le montant exact des gains illicites reste encore à cerner. Les responsabilités de la Banque et de ses dirigeants sont établies et partiellement reconnues. La spoliation dont j'ai été victime ne fait plus de doute même si elle ne peut encore être exactement chiffrée. La condamnation finale du Crédit Lyonnais est inéluctable.

Quand s'achève, en 2000, cette première série de contre-attaques, le CDR n'a plus qu'un espoir et qu'une tactique. Ils se confondent : il s'agit simplement de faire traîner les choses, de retarder l'échéance. Mes adversaires de tous bords vont s'y employer pendant huit années supplémentaires.

Aux Etats-Unis, quand il y a un problème de cet ordre, on cherche à y mettre en terme, en négociant. En France, on fait du dilatoire. On roupille. On délègue. On enterre. On repousse. On vieillit.

Quelquefois, ça marche

Mais là, garanti, ça ne marche pas. L'effet Tapie est là : tout va péter.

4

LA GUERRE DE TRANCHÉES

Le CDR multiplie les combats d'arrière-garde

« L'obligation d'informer son mandataire, le devoir de loyauté et de transparence et le souci de déontologie de toute banque, en particulier d'affaires, exigeaient de faire connaître à Monsieur Tapie, client bénéficiant d'une aide financière considérable et constante depuis 1977 d'une part, qu'un repreneur avait été contacté pour assurer le management d'Adidas, qu'il était éventuellement acheteur à un terme proche, deux ans au plus, pour un prix de 4,485 millions de francs, à comparer aux 2 milliards 85 millions du mandat, et d'autre part, que le Crédit Lyonnais était prêt à financer l'opération, donc à continuer de prêter pour Adidas, aux conditions des prêts à recours limité. »

Extrait de l'arrêt de la cour d'appel
de Paris en date du 30 septembre 2005.

« Les nouveaux dirigeants du Crédit Lyonnais (Monsieur Peyrelevade) ont reconnu le portage conçu et réalisé par et pour la Banque par la précédente direction (Monsieur Haberer). Avec une constance inexplicable, les dirigeants de la structure de défaisance, le Consortium de réalisation (...) dont le rôle était précisément de défaire ce qui avait été mal fait, s'obstinent à défendre des pratiques critiquables (...). Ils accréditent ainsi la réalité de l'acquisition par personne interposée, et portent atteinte à l'image, à la réputation et à la crédibilité d'un établissement financier dont il a pu être dit qu'il peine à reconnaître ses erreurs et à en assumer les conséquences. »

Extrait du même arrêt de la cour
d'appel de Paris.

« On peut estimer que les banques ont ainsi manqué à deux reprises à leur obligation d'information, et que les motifs de la cour d'appel caractérisent l'un et l'autre de ces manquements. »

Extrait du rapport de M. le conseiller
rapporteur devant la Cour de cassation,
septembre 2006.

Ces extraits démontrent que, pour les magistrats professionnels qui finiront par connaître tout de l'affaire, les fautes et donc la responsabilité du Crédit Lyonnais ne font aucun doute. Cependant, les dirigeants du CDR continueront à multiplier les arguties pour retarder une solution inévitable du litige. Il y a, dans cette attitude, plus que de l'aveuglement, une véritable volonté de me nuire personnellement. C'est normal : désormais, les dirigeants de la Banque m'en veulent personnellement. Je suis devenu leur bête noire.

Les actionnaires minoritaires ont gagné leur combat ; ils ne seront pas éliminés de BTF SA. Ils somment par voie de justice BTF SA (devenue CEDP) de déposer plainte contre la Banque pour avoir abusé de leur mandat de vente, et donc pour déboucher sur la conséquence directe : l'annulation de la vente des actions d'Adidas au profit des off-shore. Evidemment, la direction de CEDP étant exclusivement composée de gens mis en place par la Banque, ils ne s'exécutent pas.

C'est dans ces conditions que les petits porteurs vont obtenir du tribunal de commerce de Paris la désignation d'un administrateur *ad hoc* indépendant : le bâtonnier Farthouat.

Ce dernier a, après une étude caractérisée de la fraude dans tous ses éléments, réclamé au CDR les sommes volées à BTF SA à l'occasion de la captation d'Adidas, sommes qu'il estimait à 6,5 milliards de francs (soit 990 918 612 euros). J'insiste sur ce chiffre pour trois raisons.

D'abord le bâtonnier Farthouat, qui a très sérieusement examiné le dossier, présente cette demande au nom des seuls actionnaires minoritaires de l'ancienne société BTF SA.

Ensuite, il est notoire que je n'ai aucun lien de proximité avec cet avocat éminent et qu'il n'a donc aucune raison de protéger mes intérêts, même indirectement.

Enfin, j'observe que la somme alors réclamée, près d'un milliard d'euros – sans que cette demande provoque alors la moindre polémique –, est plus de *trois fois supérieure* à celle qui m'a été finalement allouée dix ans plus tard et qui continue à faire couler tellement d'encre et de salive.

Sur les bases ainsi posées, le CDR aurait eu le plus grand intérêt à entrer en médiation, c'est-à-dire en recherche d'un accord amiable négocié puisque, dans cette période, les ministres des Finances successifs, Dominique Strauss-Kahn puis Laurent Fabius, ont donné leur accord pour cette médiation. Leur point de vue correspond à l'intérêt de l'Etat qui, dans tous les cas, devra payer beaucoup plus à la fin pour les méfaits d'une ancienne banque nationalisée. Si l'opinion des deux ministres n'a pas prévalu, je suis bien obligé d'en déduire que, là encore, le Premier ministre Lionel Jospin n'a pas souhaité une solution raisonnable à ce litige et a donc exposé le budget de l'Etat aux risques d'un contentieux aléatoire. Le pari est alors celui de la guerre d'usure. Le premier qui s'endort dans sa tranchée a perdu.

Je reste vigilant.

Les manœuvres dilatoires

En évoquant les différentes manœuvres par lesquelles mes adversaires ont cherché à retarder l'issue du litige, il me faut revenir tout d'abord sur le cas du président du CDR, M. Rouger.

On se rappelle que le tribunal de commerce de Paris, présidé par Rouger, a prononcé le redressement judiciaire des sociétés de mon groupe mais qu'il a aussi désigné, par le même jugement du 30 novembre 1994, un collège d'experts. Malheureusement pour la Banque, les experts ont eu connaissance, dès le début de 1995, d'une partie des documents « secrets » révélant la réalité de la fraude dans la pseudo-vente Adidas. Face à cette situation catastrophique pour lui, le Crédit Lyonnais a engagé une procédure visant à faire constater la nullité du jugement ayant ordonné l'expertise. On s'y attendait.

Cependant, le tribunal lui-même a mis fin à l'action en recherche de la responsabilité de la Banque, au motif que les liquidateurs ont entre-temps engagé une action en responsabilité de la Banque, non plus comme dirigeant de fait de mes sociétés mais pour la fraude sur le mandat de vente. Les deux actions ne peuvent, en effet, être conduites simultanément, et la décision du tribunal de commerce est logique.

Mais le rapport des experts subsiste et gêne beaucoup le Lyonnais.

La Banque a donc décidé de faire appel du dernier jugement du tribunal pour, en apparence, maintenir la procédure contre elle mais, en réalité, pour tenter d'obtenir la nullité du rapport d'expertise. Là aussi, c'est attendu. Mais ça sent quand même l'hallali. Je veux faire payer à ces gens la visite des huissiers, les coups de cœur provoqués par la colère, les hauts et les bas de ce marathon judiciaire, les années gâchées, l'énergie dépensée, la mauvaise foi évidente. Je veux atteindre la Banque là où elle aura mal : dans son honneur, de toute façon perdu.

La Banque réalisera plus tard que seule sa filiale SDBO, visée par le jugement du 30 novembre 1994, pouvait en relever appel et obtenir ainsi que le rapport des experts soit éliminé du dossier. Mais la SDBO est devenue, dans l'intervalle et selon la stratégie très judicieuse de Peyrelevade, le CDR, lequel est présidé par M. Rouger.

C'est ainsi que je reçois, en 1997, à ma grande stupéfaction, un acte d'appel formé par M. Rouger, président du CDR, contre le jugement rendu par M. Rouger, président du tribunal de commerce… Comble de l'incongruité, l'appel reprochait au jugement de ne pas avoir été impartial ! On est donc en plein dans la grosse farce : « Rouger contre

Rouger ». C'est dur de se battre contre soi-même. On risque d'avoir raison.

Eva Joly, pressée par les événements, les révélations de toute part, nous ayant fait savoir qu'elle n'était pas saisie des turpitudes de la Banque, n'ayant pas envie d'aller plus loin dans sa mission et après m'avoir fait perdre des années et des années, doit finalement rendre, le 13 mars 2001, une ordonnance de non-lieu. Elle n'a rien à reprocher à la gestion de BTF SA. Je ne doute pas une seconde que cette constatation a dû la faire grincer des dents.

Ce qui n'est pas pour me déplaire.

La cour d'appel se décide à trancher

Depuis plusieurs années déjà, la cour d'appel de Paris confirme, malgré toutes les demandes et malgré les évidences du dossier, le sursis à statuer dans l'attente de la clôture des instructions pénales en cours. C'est ce qu'elle va faire à nouveau, le 28 juin 2002. Le nouvel arrêt de la cour d'appel est, là encore, très étonnant : « Il demeure que les faits contingents ou transactions portant sur la société Adidas peuvent encore faire l'objet d'une appréhension pénale qui rendrait difficile l'examen de la substance des transactions. » En clair, il est certain qu'il n'y a plus de faute pénale susceptible de m'être imputée. Mais on retarde ma propre indemnisation à raison des fautes éventuelles de mes adversaires... La cour d'appel précise ce point de vue paradoxal : « Il importe que la cour et les parties dans l'instruction de l'affaire civile puissent connaître et utiliser les éléments de la procédure pénale, dont la production peut influer sur la solution à apporter au litige. » En vertu de ces étranges motivations, la cour d'appel ordonne donc la prorogation du sursis à statuer. Eh bien ! Ils sont prêts à tout pour retarder l'issue.

Heureusement, Eva Joly a été remplacée par un nouveau juge d'instruction, Françoise Desset. Celle-ci va mettre fin à la pantalonnade des renvois successifs en délimitant enfin le champ de ses propres investigations. Toute cette dramatique mise en scène judiciaire se terminera par six non-lieux et une relaxe. Dès lors, plus rien ne s'oppose à ce que la cour d'appel évoque enfin le fond d'un litige dont elle est saisie depuis plus de dix ans.

Dix ans ! Ce n'est pas rien !

La décision à intervenir ne fait guère de doute. Le Crédit Lyonnais et ses filiales ont d'une part manqué à toutes leurs obligations contractuelles et d'autre part dissimulé leurs manœuvres frauduleuses.

Sur le premier point, la cour d'appel souligne en effet, par un arrêt du 30 septembre 2005, que la Banque a failli à deux obligations qui résultaient du mandat de vente accepté par elle : elle ne m'a pas informé loyalement des possibilités de vendre Adidas à un prix bien supérieur à celui qu'elle m'avait suggéré. Et elle s'est portée contrepartie dans cette transaction où elle était, sous divers masques, le véritable acheteur. La cour d'appel jugera bon d'ajouter, ce qui n'était en rien nécessaire, qu'elle aurait dû me faire des offres de crédit équivalentes à celles qu'elle présentait à ses propres sociétés-écrans ou à l'acheteur définitif, Robert Louis-Dreyfus.

Sur l'obligation de loyauté pointée par la cour d'appel, la meilleure doctrine juridique est ferme et claire. Ainsi le professeur Benabent écrit-il dans son ouvrage consacré aux contrats spéciaux civils et commerciaux : « Exécuter fidèlement sa mission impose au mandataire d'agir dans l'intérêt de son mandant. Il y aurait de sa part un véritable détournement de pouvoir à utiliser les pouvoirs qui lui ont été confiés pour servir d'autres intérêts que ceux de son mandant, qu'il s'agisse des siens propres ou de ceux d'un tiers. » A s'en tenir à cette définition, on peut dire que la Banque a commis, sur ce seul point, une triple faute : elle a agi contre mon intérêt mais aussi pour son intérêt propre et, à la fin, celui de son comparse Louis-Dreyfus.

Sur l'interdiction que la loi fait au mandataire de se porter acquéreur du bien qu'il est chargé de vendre, la cour d'appel dispose, grâce aux saisies judiciaires de documents internes à la Banque, des aveux du fautif lui-même, ce qui facilite les choses. Dès le 9 décembre 1992, lorsque M. Filho adresse une note exposant à M. Haberer que l'achat des actions BTF GmbH pourrait être réalisé pour 3,53 % par CLINVEST, pour 6,77 % par les AGF, pour 3,71 % par Worms et pour 49,77 % par un mystérieux « fonds », il prend le soin de préciser, dans la même note : « Le fonds, construit par CITY Corp, offre un maximum de discrétion. Il n'y aura pas de lien capitalistique avec le Crédit Lyonnais (et AGF) puisque son financement serait assuré par l'émission d'obligations convertibles de CITY STAR à taux symbolique souscrit par le Crédit Lyonnais et les AGF, le produit étant alors affecté, après au moins deux échelons, à une entité portant les titres de BTF GmbH. » Dans cette citation, c'est le banquier lui-même qui souligne ce qu'il croit constituer des garanties du secret de l'opération. Pour la cour d'appel, ce n'est plus de la discrétion, c'est la preuve aveuglante de la malversation.

Même si le Crédit Lyonnais tente encore en vain, par le truchement du CDR, de faire croire que quelques indiscrétions parues dans la presse bien après la vente d'Adidas constituaient en quelque sorte de la part de la Banque une « information indirecte » de son client (!), la cour d'appel ne s'y trompe pas : « Il apparaît en conséquence que le groupe Crédit Lyonnais en se portant contrepartie par personnes interposées et en n'informant pas loyalement son client n'a pas respecté les obligations résultant de son mandat. »

Evidemment, la décision de la cour est tout aussi claire que ses motivations. La cour d'appel condamne les ayants droit du Crédit Lyonnais à payer aux liquidateurs qui représentent mes sociétés et moi-même la somme de 135 millions d'euros à titre de dommages et intérêts, tout en invitant les victimes (moi, pour l'essentiel) à solliciter un complément d'indemnisation, s'il est démontré que la faute commise par la Banque lors de la vente d'Adidas a provoqué la liquidation judiciaire de mes sociétés et la mienne propre.

Il est utile de s'arrêter un instant pour couper court définitivement à la lecture que certains ont fait, affirmant que la cour d'appel ne m'avait alloué que 135 millions d'euros. En effet, dire qu'elle invite les victimes (moi, pour l'essentiel) à solliciter un complément d'indemnisation – s'il est démontré que la faute commise par la Banque lors de la vente d'Adidas a provoqué la liquidation judiciaire de mes sociétés et la mienne propre –, c'est déjà garantir d'un complément de condamnation dont j'aurai l'occasion un peu plus tard de pouvoir fixer approximativement le montant à 300 millions d'euros supplémentaires.

Mais, après l'arrêt de la cour d'appel, la principale interrogation n'est pas là. Alors que c'est bien le Lyonnais qui a encaissé les profits frauduleux énormes que lui a rapportés la vente d'Adidas, c'est à la fin le CDR, donc l'Etat et donc les contribuables, qui vont payer les sommes mises à la charge de la Banque. Dans ces conditions, que va faire l'Etat ? Mettre les pouces, comme disent les enfants, et admettre enfin la responsabilité du Lyonnais ? Ou prendre les risques de continuer la procédure ?

Il existe au sein du ministère de l'Economie et des Finances – dont le titulaire est alors Thierry Breton – un service juridique chargé précisément d'évaluer les risques encourus par l'Etat dans des procédures judiciaires. C'est ce service qui n'a cessé d'expliquer que le dossier Executive Life ne leur coûterait rien… avant d'être contraints de payer une addition d'un milliard de dollars !

On peut donc malheureusement en attendre le pire.

Le pourvoi en cassation

C'est bien le pire qui va se produire. Car Thierry Breton va résister quelques jours puis, devant la pression inouïe du PS (au cours des questions au gouvernement à l'Assemblée), le CDR décide de retarder encore et encore l'échéance par un pourvoi en cassation contre l'arrêt de la cour d'appel de Paris.

J'ai déjà rappelé quelle avait été la position du conseiller rapporteur, ce magistrat chargé de faire rapport à ses collègues avant l'examen de l'affaire par la cour : elle était clairement hostile au CDR.

Celle de l'avocat général à la Cour de cassation – qui n'est pas là pour soutenir l'accusation comme dans un procès pénal mais pour dire le droit – est encore plus explicite. Ses réquisitions méritent d'être citées :

> « Il ne fait aucun doute que les réticences et dissimulations du groupe Crédit Lyonnais étaient intentionnelles en vue de satisfaire ses propres intérêts en privilégiant en même temps la sauvegarde de son gage et la gestion du "risque d'Adidas" pour aboutir à une reprise à terme dans les conditions et modalités négociées et conclues avec M. Louis-Dreyfus au préjudice du groupe Tapie et en violation des prescriptions du mémorandum et des lettres subséquentes. En tout état de cause le groupe Tapie n'a pas été mis en mesure de renoncer à l'opération Adidas à cette occasion.
>
> Ce qu'il y a lieu de retenir, et qui justifie suffisamment l'arrêt attaqué, est que l'aboutissement de l'opération de reprise finale d'Adidas au profit de

Sogedim, sans aucune information fournie au groupe Tapie par ses mandataires sur les possibilités offertes d'une cession meilleure que celle qui avait été arrêtée dans le mandat de vendre, a pour effet de renforcer plus encore la certitude et la gravité du préjudice résultant directement d'**une tromperie ourdie par le groupe Crédit Lyonnais** pour priver, comme il avait été décidé, les personnes ainsi lésées du bénéfice du gain récolté. »

Et l'avocat général en tire des conclusions parfaitement logiques :

« Ce devoir aurait dû contraindre, en l'espèce, les sociétés du groupe Crédit Lyonnais, tenues en qualité de mandataires, de fournir à BTF SA ou aux autres sociétés du groupe Tapie des informations sur tout fait ou toute proposition qui était de nature à influer sur le consentement (...) C'est donc **le manquement au devoir de loyauté** résultant de **la violation caractérisée et intentionnelle de l'obligation d'information** qui constitue **la faute majeure** reprochée au mandataire et **justifie légalement l'arrêt attaqué** en permettant aux juges du fond d'énoncer précisément que le groupe Crédit Lyonnais, en se portant contrepartie par personnes interposées et en n'informant pas loyalement son client, n'a pas respecté les obligations du mandat. »

Ainsi, pour l'avocat général, l'arrêt contesté de la cour d'appel est-il légalement justifié. C'est d'ailleurs finalement devenu l'opinion du CDR dont le président, Jean-Pierre Aubert, va avouer lui-même, dans *Les Echos* du 10 octobre 2006 : « Il y a peut-être eu une faute du Crédit Lyonnais de ne pas l'avoir informé [M. Bernard Tapie] par écrit de l'option accordée à R. Louis-Dreyfus. » Ce « peut-être » est succulent puisque la faute est avérée, caractérisée, et qu'elle est énorme, tant par son ampleur que par ses conséquences.

Mais M. Aubert croit alors jouer sur du velours. La Cour de cassation n'est pas juge du fond mais de la forme, en particulier de la parfaite régularité juridique contenue dans les motivations des décisions qu'elle examine.

Et le 9 octobre 2006 (un an encore après la décision d'appel), la Cour de cassation décide contre toute attente et contre les pronostics des juristes de casser l'arrêt rendu le 30 septembre 2005 par la cour d'appel de Paris. Elle ne le casse pas sur l'aspect essentiel, c'est-à-dire sur la faute en deux volets du Crédit Lyonnais : l'absence totale d'informations sur la réalité de la transaction Adidas et la transgression de l'interdiction de se porter contrepartie en devenant le véritable acquéreur de ma société. Cette double faute est désormais connue de tous et il est parfaitement avéré que le Lyonnais a réalisé à cette occasion un profit illicite finalement supérieur à 4 milliards de francs et qu'il a ainsi engagé sa responsabilité.

L'arrêt de la Cour de cassation porte sur deux points accessoires par rapport à la faute de la Banque, qui est bien sûr l'essentiel du litige.

Le premier point est de pure forme : la cour d'appel avait retenu la responsabilité du Crédit Lyonnais lui-même dans l'exécution fautive du mandat de vente d'Adidas ; la Cour suprême, de son côté, souligne que les fautes sont à mettre sous la responsabilité de la SDBO, filiale du Lyonnais à 100 % !!, et qui s'était adjoint CLINVEST, autre filiale du Lyonnais à 100 %, pour son exécution. L'argument est certes un peu tiré par les cheveux puisque les deux filiales n'ont strictement aucune autonomie par rapport au Crédit Lyonnais, mais dans tous les cas ce point de la décision ne change rien au fond du litige ni aux indemnisations sollicitées (le lobbying effectué par la Société française de banque pour protéger l'entité Crédit Lyonnais a apparemment bien marché).

Le deuxième motif d'invalidation est un peu plus subtil et surprenant. Elle estime que le Lyonnais n'était pas obligé d'offrir à mon groupe les mêmes avantages qu'elle a accordés au groupe Robert Louis-Dreyfus à l'occasion du rachat des actions Adidas, ce qui n'était nullement gênant puisque nous ne l'avions jamais demandé. En effet, on ne demande pas un crédit pour acheter des actions que l'on possède déjà et que l'on souhaite vendre.

Dont acte. C'est sur deux points accessoires – et sur ces deux-là seulement – que l'arrêt de la cour d'appel est cassé. Pour le reste, les débats devant la cour d'appel, les travaux préparatoires et les débats devant la Cour de cassation ont amplement démontré que ma position sur l'essentiel – sur la double faute du Lyonnais et sur ses conséquences – est parfaitement fondée.

Après avoir, par ce nouvel artifice procédural, gagné une année supplémentaire, le CDR se trouve donc dans une situation judiciaire aggravée. En effet, sur le fond du litige, la cour d'appel de Paris a non seulement condamné les « héritiers » du Lyonnais à payer une somme très significative mais aussi ouvert explicitement la porte à des demandes complémentaires que mes avocats, en liaison avec les liquidateurs, ont déjà chiffrées à un niveau très élevé.

Il est tout à fait certain, après la décision de la Cour de cassation – qui contrairement à ce que colporte depuis maintenant 2008 mes adversaires nous renforce dans notre droit à réclamer des indemnités volées –, qu'une nouvelle cour d'appel de renvoi ne manquera pas de condamner le CDR bien plus lourdement encore car, entre-temps, des événements majeurs vont se produire aggravant considérablement leur situation.

En effet, Mme Lagarde a eu le nez fin car nous serions retournés en cours d'appel. Les jugements que nous allons obtenir ultérieurement (la révision du jugement de liquidation de GBT[1]) permettaient à GBT de demander l'annulation de la cession des titres BTF et, de ce fait, de pouvoir faire application de la loi : le mandat de vente non respecté entraîne l'annulation de la vente. Et si celle-ci n'est pas possible (par exemple, si la société est en Bourse), l'indemnité est calculée sur la base de l'évaluation de l'affaire au moment du jugement (Adidas vaut à l'époque 7 milliards).

---

1. Pour sortir d'une liquidation, il y a deux procédures possibles. La première : on paye les dettes et la société revient *in bonis* par l'extinction du passif, mais les effets antérieurs de la liquidation demeurent. La seconde : une procédure extrêmement rare (quelques-unes au cours des cinquante dernières années), le tribunal accorde la révision du jugement de liquidation car il estime que l'affaire n'aurait jamais due être mise en liquidation des biens, et dans ce cas, tous les éléments liés à la liquidation des biens sont annulés et sont considérés comme n'ayant jamais existé.

Troisième partie

L'ARBITRAGE

2007-2013

1

UN ARBITRAGE CONTESTÉ MAIS INCONTESTABLE

Comment discuter l'évidence ?

« Les parties sont convenues de renoncer à l'appel » (page 4).

« Le tribunal arbitral ne peut admettre que le Crédit Lyonnais, société mère, avait le droit de prendre une contrepartie quant à l'intervention de sa filiale, la SDBO. Sinon il suffirait à un mandataire de faire intervenir sa filiale ou société mère pour être exonéré de ses obligations fondamentales » (page 6).

« L'interdiction de se porter contrepartie est une obligation essentielle du mandataire. Sa violation est la faute la plus grave que peut commettre le mandataire » (page 62).

« La Banque ne peut à la fois soutenir que l'affaire était dans une situation délicate voire catastrophique et n'avait plus de valeur tout en ayant fixé elle-même (dès 1992) un prix d'exercice de la promesse à 4,4 milliards de francs (...). Dans la meilleure des hypothèses pour la Banque, celle-ci s'est totalement écartée du mandat, ne cherchant pas à vendre à 2,085 milliards de francs mais uniquement à réaliser une vente à terme à un prix plus élevé pour bénéficier des mesures de restructuration. Elle croyait donc à la réussite de ces mesures et a cherché à en profiter seule » (page 64).

Extraits de la sentence arbitrale rendue le 7 juillet 2008.

J'ai reproduit ici quelques extraits parmi les plus significatifs de la sentence rendue dans cet interminable litige par le tribunal arbitral. En effet, après quinze années de procédure et alors que la fraude du Crédit Lyonnais avait commencé dix-sept ans plus tôt, les parties ont finalement décidé de recourir à l'arbitrage.

C'était mon intérêt et celui des liquidateurs pour la seule raison que cette guerre de tranchées avait assez duré. Mais c'était aussi l'intérêt du CDR et de l'Etat car la poursuite de l'affrontement devant les juridictions judiciaires classiques allait leur coûter beaucoup plus cher. La philosophie qui avait présidé à cette décision était pour moi d'éviter de repartir de nouveau dans un combat judiciaire de quatre à cinq ans environ et celui de l'Etat, défendu par Mme Lagarde et ses services, de limiter la casse.

Beaucoup sont étonnés de la décision de Mme Lagarde qui était tout à fait inhabituelle pour un ministre de la République, qu'il soit de droite ou de gauche, car les perspectives d'une conséquence financière ultérieure très lourde pour l'Etat mais qui le débarrasse de toute responsabilité éventuelle est pratiquement toujours la voie choisie par nos bons ministres. Mme Lagarde se distingue par deux caractéristiques. La première : elle est de culture anglo-saxonne et, dans cette dernière, les conséquences d'une prise de risque personnelle passent après l'intérêt de l'Etat. Deuxièmement, elle est une ancienne avocate de très haut niveau et elle s'est comportée comme une avocate qui défend l'intérêt de son client.

Qu'est-ce qu'un arbitrage ?

Il me faut d'abord répondre à cette question puisque, si on en croit les nombreux commentaires émis par des observateurs qui n'y connaissent rien, on pourrait penser que la procédure de l'arbitrage serait une sorte de sous-justice qui aurait été taillée à ma mesure et pour m'arranger. L'arbitrage serait en somme une façon irrégulière de régler un litige à mon seul profit.

C'est tout au contraire une procédure courante, habituelle et quasi systématique.

L'arbitrage est la décision qui fait suite à un accord survenu entre les parties à un contrat pour soumettre, avant ou après l'apparition d'un litige, leur désaccord éventuel ou réel à un tribunal arbitral jugeant selon les règles ordinaires du droit mais sans possibilité de recours sur le fond et selon un calendrier raccourci par rapport aux procès classiques. L'accord prévoyant l'arbitrage est en lui-même la preuve que celui-ci est prévu dans l'intérêt bien compris des parties à un contrat.

Il peut être envisagé dès la signature du contrat. Les cocontractants décident par avance de soumettre leurs éventuels litiges à des arbitres. On dit dans ces cas-là que les contrats comportent une clause compromissoire. Dans d'autres cas, l'arbitrage n'est pas prévu à l'origine mais les parties décident, après la naissance du litige, de le soumettre, dans des limites qu'elles définissent ensemble, à un tribunal arbitral. Dans cette deuxième hypothèse, les parties doivent signer un compromis d'arbitrage pour soustraire leur litige à la compétence des juridictions ordinaires.

J'ai dit que l'arbitrage était un procédé banal et fréquemment utilisé. Il est presque de rigueur dans tous les contrats internationaux. Ce recours systématique à l'arbitrage s'explique assez facilement. En effet, lorsqu'un contrat est conclu entre deux personnes (de droit public ou de droit privé, c'est indifférent) de nationalités différentes, on ne peut être tout à fait certain du droit qui s'appliquera à un éventuel litige ni du tribunal qui sera compétent pour en juger. Le droit applicable peut être celui de l'une ou l'autre partie au contrat ; il peut aussi résulter d'une convention internationale recouvrant tout ou partie de la matière. Il y a donc un risque réel d'incertitude juridique puisque, en cas de litige, les parties en désaccord peuvent avoir intérêt à invoquer une loi plutôt qu'une autre. La question de la juridiction compétente est tout aussi importante car là aussi chacune des parties peut avoir intérêt à plaider chez elle, à domicile diraient les sportifs, plutôt que devant un tribunal étranger. En résumé et pour l'illustrer simplement, si une firme anglaise achète du pétrole à une entreprise publique ou privée située en Azerbaïdjan, elle ne va évidemment pas prendre le risque d'aller conduire, en cas de litige, un procès très aléatoire devant un tribunal de Bakou et selon les règles du droit azerbaïdjanais.

C'est pourquoi presque tous les contrats internationaux comportent une clause d'arbitrage permettant de soumettre à une procédure simplifiée les litiges que ces accords peuvent entraîner. Il se trouve d'ailleurs que les juristes français ont pris une avance considérable dans ce domaine qui est incontestablement l'avenir du droit des affaires et que la Chambre internationale de commerce de Paris a depuis longtemps édicté des règles procédurales qui sont une référence admise dans de nombreux pays. Beaucoup de contrats internationaux prévoient que les éventuels différends seront réglés par l'arbitrage et selon les règles parisiennes. C'est ainsi. Nous sommes en avance.

Mais ce que j'ai dit des accords commerciaux entre ressortissants de nations différentes s'applique également à tous les grands contrats passés entre des opérateurs industriels et commerciaux de taille significative. L'idée qui sous-tend ce recours systématique à l'arbitrage est contenue dans la devise des businessmen américains « *time is money* ». Les grandes sociétés ne veulent pas perdre leur temps et donc leur argent dans d'interminables procédures judiciaires. Elles préfèrent recourir à l'arbitrage plus souple et surtout plus rapide. Il leur importe moins d'avoir raison ou tort que de sortir rapidement et clairement d'un litige toujours coûteux.

En revanche, lorsque les banques traitent entre elles, souvent pour des montants beaucoup plus considérables, leurs accords comportent toujours des clauses d'arbitrage. Sauf cas extrêmes (OPA hostiles, fraudes caractérisées, ou autres), le public n'a jamais connaissance de procès opposant des grandes banques entre elles. Dans ce monde-là, on préfère laver son linge sale en famille, et surtout en terminer au plus vite.

Mais j'ai dit que les tribunaux arbitraux n'étaient pas le lieu où se négociaient des petits arrangements. Le droit français de l'arbitrage s'est considérablement développé, non seulement autour des règles dégagées par la Chambre internationale de commerce de Paris mais aussi parce qu'il existe dans le milieu des universitaires et des professionnels du droit une véritable spécialité française dans cette matière. Qu'il s'agisse du Comité français de l'arbitrage et de sa revue ou de l'Académie internationale de droit de l'arbitrage, nos juristes sont les meilleurs. C'est important car les tribunaux arbitraux doivent juger en droit, si du moins telle est leur mission. Ils ne jugent pas un litige en simple équité, encore moins en opportunité ; ils utilisent les règles de droit applicables au litige qui leur est soumis. Et généralement, à l'exception des questions de pure forme, leurs décisions ne sont pas susceptibles d'appel.

Un tribunal arbitral est donc une juridiction ordinaire, fréquemment utilisée, qui juge très sérieusement et rapidement. Il ne s'agit pas, comme l'ont suggéré certains « spécialistes » malintentionnés, d'un petit tribunal bâti pour juger Bernard Tapie en catimini.

La sentence arbitrale du 7 juillet 2008

Pour parvenir à une décision d'arbitrage, il faut d'abord passer un compromis entre les parties et désigner les personnes qui composeront le tribunal arbitral.

Dans le cas qui nous intéresse, ce fut un véritable parcours du combattant compte tenu de la nature des deux parties.

La première partie, le CDR. Il doit d'abord réunir un conseil d'administration, composé de deux représentants de l'Etat et de trois représentants indépendants de l'Etat.

De mon côté, étant en liquidation des biens, c'est par le truchement des deux liquidateurs et de leurs avocats que le compromis d'arbitrage ainsi que les règles qui vont l'accompagner doivent être élaborés.

Ensuite, les deux propositions retenues par les deux parties doivent passer, pour le CDR, par l'agrément du conseil d'administration de l'EPFR, l'organe de contrôle de l'intégralité des participations appartenant à l'Etat. Dans ledit conseil figure un représentant du Sénat et un représentant de l'Assemblée nationale.

De mon côté, les propositions sont soumises à l'approbation d'un juge-commissaire et sous le contrôle du tribunal de commerce et du parquet.

Et c'est le 18 décembre 2007 que l'arbitrage est autorisé par jugement, après avis du parquet.

Le compromis d'arbitrage lui-même a été signé par le CDR et les liquidateurs le 30 janvier 2008. Il fixait l'objectif très clairement : il s'agissait de résoudre d'une manière **globale et définitive** l'ensemble des litiges opposant les parties en délimitant strictement les questions soumises à l'arbitrage et en respectant l'autorité de chose jugée des précédentes décisions judiciaires pour celles qui étaient devenues définitives car le choix des parties s'est porté sur un arbitrage en droit qui interdit toute décision qui n'ait pas déjà été donnée par une juridiction précédente. C'est la forme la plus contraignante de l'arbitrage et c'est celle qui rend impossible tout accord préalable ou arrangement. Les arbitres ne pourront pas dire ce que la justice n'a pas déjà dit. Les choses étaient donc parfaitement claires et même transparentes.

La composition du tribunal arbitral chargé d'instruire le dossier et de le trancher obéit d'ordinaire à des méthodes simples. Chacune des parties propose un arbitre de son choix, et les deux juges ainsi choisis (lorsqu'il n'y a, comme dans ce cas-là, que deux parties en cause) se mettent d'accord pour choisir un troisième arbitre de façon à dégager une majorité dans tous les cas.

Pour l'arbitrage concernant mes affaires, les parties opposées ont procédé de façon plus consensuelle encore. Le CDR et les liquidateurs ont choisi conjointement, sans mon intervention personnelle, trois arbitres sur une liste d'une dizaine proposée par les deux parties, qu'ils jugeaient incontestables : M. Pierre Mazeaud, président honoraire du Conseil constitutionnel, allait présider le tribunal. Celui-ci serait composé par ailleurs de M. Jean-Denis Bredin, avocat au barreau de Paris et professeur émérite de l'université de Paris 1, et de M. Pierre Estoup, premier président honoraire de la cour d'appel de Versailles. Je reparlerai de ces trois arbitres puisque leur impartialité a pu être discutée mais je veux dire ici que je ne connaissais personnellement aucun des trois tout en connaissant assez bien leur réputation pour savoir, dès l'origine, qu'ils jouissaient d'une image de compétence et d'intégrité totalement inattaquables.

Là encore la procédure de désignation n'autorisait pas la moindre mise en cause.

Les parties sont invitées à produire par écrit leurs mémoires respectifs et, le cas échéant, leurs réponses à l'argumentation adverse mais elles doivent le faire dans un calendrier très précis et contraignant. Dans le cas qui nous intéresse, les arbitres étaient fondés à penser qu'entre le CDR, héritier du Lyonnais, et les liquidateurs, représentant mes sociétés et moi-même, tout le monde avait eu le temps de mettre au point (et même de peaufiner) ses arguments et d'examiner ceux de l'adversaire puisque le litige Crédit Lyonnais/Bernard Tapie durait depuis une éternité.

C'est donc dans ces conditions de transparence absolue que le tribunal arbitral a rendu sa sentence du 7 juillet 2008

Pour l'essentiel, la sentence arbitrale a jugé que le CDR Créances, succédant à la SDBO, et le CDR Réalisation, succédant à CLINVEST, avaient commis **deux fautes** :

1. La violation de l'obligation de loyauté.
2. La violation de l'interdiction de se porter contrepartie.

Ces deux fautes avaient déjà été sanctionnées par la cour d'appel de Paris dans son arrêt du 30 avril 2005.

En conséquence, elle a condamné les deux sociétés à payer :

– 240 millions d'euros : au groupe GBT.

– 45 millions d'euros : à M. et Mme Tapie au titre du préjudice moral. Précisant que cette somme devrait être affectée en priorité au règlement de mes dettes.

– 105 millions d'euros : actualisation calculée au taux légal depuis le 30 novembre 1994 jusqu'au

7 juillet 2008 (suivant ainsi les dispositions imposées par la cour d'appel de Paris dans son jugement).

De ces sommes, il a été retenu le montant du passif, arrêté et accepté, de 202 millions d'euros, auquel s'ajoutent :

– 12 millions d'euros : garantie donnée par le Crédit Lyonnais au CDR (payée par Bernard Tapie).

– 15 millions d'euros : fiscalité directe.

– 12 millions d'euros : frais de justice (avocats et expertises sur quinze ans de procédures)

Soit un passif total de 241 millions d'euros.

Auquel on a rajouté 9,5 millions d'euros de garantie à première demande donnée au liquidateur, représentant les derniers contentieux judiciaires relatifs au passif supplémentaire.

Le solde créditeur est donc de 45 millions d'euros pour M. et Mme Tapie et de 94,5 millions d'euros pour GBT avant impôts (soit 5 % après impôts), ce qui fait un total de 45 + 47 millions d'euros = **92 millions d'euros environ.**

Soit environ 20 % de l'argent reçu et détourné par la Banque, ce que les arbitres ont relevé dans la sentence.

Pour le reste, la sentence a rejeté les demandes complémentaires des uns et des autres. Elle a aussi fixé les frais de liquidation mis à la charge du CDR et partagé par moitié les frais de l'arbitrage. Enfin, elle a invité les liquidateurs à préciser, en vue d'une décision ultérieure (effectivement prise), le régime fiscal de l'indemnité principale de 240 millions d'euros, selon qu'elle était imposée au titre de 2008 ou au titre de 1993, date de la captation effective d'Adidas.

Voilà donc, bien en deçà des fables que j'ai pu lire ou entendre, la réalité d'une décision tellement commentée.

Elle m'a rendu justice d'une certaine façon puisqu'il m'importait plus que tout de faire constater **les fautes de la Banque.** Elles ont été soulignées sans la moindre équivoque.

Mais je veux dire qu'en acceptant le principe de cet arbitrage et les limites tracées par le compromis j'avais renoncé à faire annuler rétroactivement la vente d'Adidas. Je ne pouvais prétendre qu'à une indemnisation forfaitaire à raison du détournement dont j'avais été la victime et dont le montant reste méconnu jusqu'à ce jour. Les arbitres n'ont d'ailleurs pas manqué de relever ce souci permanent et prolongé de dissimulation : « Le tribunal arbitral ne peut que regretter qu'après des années de procédure, le CDR et le CDR Créances ont refusé de communiquer un état précis des sommes encaissées par la Banque et des dépenses qu'ils auraient éventuellement engagées, ce qui dénote **un manque de transparence.** »

Le reproche est clair et explicite. Il a une signification très précise : par la faute de la Banque, on n'a jamais su le montant exact qu'elle avait gagné par ses fraudes. J'ai dit qu'après avoir pris connaissance du dossier, les avocats totalement indépendants désignés pour représenter les actionnaires minoritaires de BTF SA avaient chiffré cette plus-value frauduleuse à 6,5 milliards de francs. J'estime, pour ma part et sans connaître le détail des multiples commissions encaissées pour l'échafaudage de sociétés-écrans ni les accords précis d'intéressement futur passés avec Robert Louis-Dreyfus, que le Crédit Lyonnais a gagné au bas mot 7 milliards de francs en moins de trois ans entre la date de la vente fictive et l'introduction d'Adidas en Bourse. Si on compare l'une ou l'autre de ces sommes, 6,5 ou 7 milliards de francs, aux condamnations prononcées par le tribunal arbitral, 285 millions d'euros, une évidence saute aux yeux.

Alors que j'avais été accusé d'avoir contribué à ruiner le Crédit Lyonnais, j'ai bien malgré moi permis de lui faire gagner au total 5 milliards de francs, soit près de 800 millions d'euros. Le Lyonnais n'a pas reversé cet argent au CDR pour alléger la note payée en théorie par ce dernier mais en fait par l'Etat. Il n'a pas plus payé d'impôts sur cette plus-value extravagante.

Mais au total il apparaît bien, lorsqu'on fait les véritables comptes de la Banque, que, **bien loin d'avoir coûté de l'argent aux contribuables français, je leur en ai rapporté. Beaucoup.**

La sentence arbitrale avait une autre conséquence. Les liquidateurs et moi-même pouvions être indemnisés mais je ne pouvais pas faire annuler la vente d'Adidas et donc rentrer en possession de ce qui m'avait été volé. A la date de cette décision, en juillet 2008, Adidas valait 3 milliards d'euros. La sentence en a alloué moins de 300 millions. Je rappelle que Robert Louis-Dreyfus avait eu l'honnêteté de reconnaître que mes équipes et moi-même avions, au moment de la vente, pris toutes les décisions et les réformes utiles au redressement de la société et je le remercie ici de cette attitude on ne peut plus *fair play* (voir page 56).

Quoi qu'il en soit, le CDR, suite à l'exigence d'un des membres du conseil d'administration de l'EPFR, avait exigé de se soumettre à l'arbitrage et de s'interdire toute forme de recours contre la décision des arbitres. **Cette décision est donc définitive depuis le 7 juillet 2008.**

Une sentence contestée mais incontestable

Dès qu'elle a été connue, la sentence du tribunal arbitral a provoqué des commentaires innombrables, généralement désobligeants. Je peux comprendre qu'à force d'avoir, volontairement ou non, occupé les médias, je ne les laisse pas indifférents. C'est normal. Je peux comprendre aussi que, pour le grand public, l'importance (l'énormité, ont dit certains) des sommes arbitrées puisse étonner car elles sont en effet inhabituelles. Mais je ne comprends pas que les commentateurs professionnels, journalistes ou juristes, qui savent très bien quels étaient les enjeux de l'arbitrage et à quel point j'avais été spolié, se servent de cet étonnement du public pour jeter le soupçon sur la décision arbitrale prise en 2008.

La première suspicion avancée par la presse me fait le reproche d'avoir bénéficié d'une aide politique, plus précisément de celle de Nicolas Sarkozy qui m'aurait ainsi remercié de l'avoir soutenu lors de l'élection présidentielle de 2007. Cette insinuation est parfaitement ridicule.

Je veux préciser que Nicolas Sarkozy ne me devait rien et que je ne lui dois rien. J'ai montré comment il avait pu être, par son cabinet tout au moins, à l'origine d'une partie de mes difficultés en décembre 1994. Treize années plus tard, alors que j'étais en retrait de la vie politique, j'ai estimé lors de son affrontement avec Ségolène Royal qu'il présentait plus de garanties pour la France, ce qui s'est révélé être aussi l'opinion de pas mal de bons

« amis » de la candidate socialiste. Je l'ai dit publiquement, sans y avoir été invité, sans rien demander en échange et sans être remercié. Dès lors que je n'avais mis aucune condition à cette prise de position, je ne vois pas pourquoi, ni au nom de quelle logique, Nicolas Sarkozy m'en aurait « payé » un an plus tard.

L'ancien Président n'a pas cherché à m'aider. Il n'a pas provoqué l'arbitrage. Il n'a pas donné d'instructions en ma faveur à quiconque. Mais il ne s'est pas opposé à la procédure permettant de sortir d'un litige qui datait de… 1995. C'est tout.

Ce prétendu soutien politique serait démontré, selon mes détracteurs, par le fait que Mme Lagarde aurait donné des instructions aux représentants de l'Etat au sein de l'EPFR, organisme de tutelle du CDR, pour qu'ils consentent à l'arbitrage, et qu'elle aurait ensuite refusé de former un recours contre la sentence arbitrale. C'était son rôle comme le précisent les statuts de l'EPFR.

Un de mes adversaires les plus forcenés est le dénommé de Courson, député peu connu au-delà de sa circonscription champenoise, croisé de la morale publique, ex-ami de M. Bayrou. Ce de Courson tempête contre le recours à l'arbitrage… qu'il a lui-même voté puisqu'il siégeait, comme parlementaire, au conseil de l'EPFR. Très logique. Il a ensuite essayé de se joindre au recours fait devant les tribunaux administratifs par ses collègues socialistes contre la décision de Mme Lagarde de s'opposer à l'entrée en arbitrage et de ne pas contester la sentence arbitrale. Leur action a été rejetée par le tribunal administratif de Paris et par le Conseil d'Etat. Je n'ai pas entendu dire que j'aurais soudoyé les juges administratifs…

J'ai évoqué certains députés socialistes. Je veux parler d'eux un peu plus. Didier Migaud, l'actuel premier président de la Cour des comptes, d'ailleurs nommé par Nicolas Sarkozy sans que personne s'en émeuve, était précédemment président de la Commission des finances de l'Assemblée nationale. Il a été remplacé dans cette responsabilité par M. Jérôme Cahuzac, ex-ministre du Budget, personnage dont on a pu apprécier la franchise. MM. Migaud et Cahuzac s'étaient tellement étranglés à l'annonce du « cadeau » que j'avais reçu du tribunal arbitral qu'ils avaient décidé de constituer une autre sorte de tribunal au sein de leur commission parlementaire. On allait voir ce qu'on allait voir… M. Cahuzac soutenait, avec l'appui de son président de groupe, devenu aujourd'hui Premier ministre, que le CDR était un organisme de droit public qui n'avait de ce fait pas le droit de signer un compromis d'arbitrage. C'était totalement faux et, par le passé, de nombreuses sociétés détenues par l'Etat mais ayant la forme commerciale (ce qui était le cas du CDR puisqu'il succédait à la SDBO et à Clinvest) se sont soumises à la procédure d'arbitrage. Le CDR lui-même avait déjà accepté de se soumettre à sept arbitrages dans d'autres affaires sans provoquer l'indignation des socialistes vertueux. MM. Cahuzac et Ayrault prétendaient également que Mme Lagarde avait commis une double faute : consentir à l'arbitrage et ne pas contester la sentence. Les tribunaux administratifs avaient déjà répondu mais cela ne leur suffisait pas. Les députés socialistes ont donc saisi leur ami président de la Cour des comptes qui leur a, en résumé, répondu qu'il était d'accord avec eux. Ils ont alors saisi le procureur général Nadal en faisant état de l'avis du président Migaud... qui n'était que le leur puisque le document utilisé par M. Migaud n'était pas celui de la commission parlementaire des finances, qui était totalement favorable aux décisions prises par Mme Lagarde et le CDR mais celui des seuls socialistes qui eux, étaient totalement contre (mais après la sentence !).

Le procureur général Nadal a donc décidé de saisir la Cour de justice de la République des « fautes » qu'aurait commises Mme Lagarde dans l'exercice de ses fonctions. Il l'a fait à la veille de son départ en retraite. Cette décision nous a évidemment très surpris compte tenu de la carrière exemplaire de ce haut magistrat et de sa compétence reconnue. Le fait de débuter sa retraite en soutenant, jusqu'en réunion publique, Mme Aubry dans sa campagne pour la primaire socialiste ne doit pas suffire à émettre des doutes sur son impartialité. Pendant ce temps, Christine Lagarde officie à Washington, à la tête du FMI, et ne semble pas très inquiète des poursuites lancées contre elle.

Les députés socialistes avaient pourtant bénéficié des éclairages fournis par un juriste de tout premier plan et malheureusement encore plus méconnu que M. de Courson. La Commission des finances avait en effet entendu comme expert indépendant M. Thomas Clay, dont j'ai déjà parlé, doyen de la faculté de droit de Versailles et spécialiste autoproclamé du droit de l'arbitrage, dont les talents et la crédibilité ont échappé aux deux organismes reconnus mondialement et qui effectuent régulièrement des classements des juristes spécialisés de l'arbitrage : *The American Lawyer* et *The Global Arbitration Review* dans lesquels on trouve les principales sommités françaises comme le professeur Emmanuel Gaillard (qui enseigne à Sciences-Po), le professeur Pierre Mayer (qui enseigne à Paris 1) ou encore le professeur Yves Derains (ancien Secrétaire général de la Cour internationale d'arbitrage). Comme quoi, on peut être plus bavard que compétent et s'affranchir des règles de discrétion que respectent les universitaires en s'interdisant de paraître sur tous les plateaux de télévision pour commenter, disséquer et affirmer son opinion, souvent farfelue, relative à une instruction en cours dans laquelle il n'est pas visé. Selon ce professionnel, parfaitement neutre lui aussi, l'arbitrage était impossible en l'occurrence, la sentence était inique et scandaleuse, et le CDR ou l'Etat avait enfin, plus que le droit, le devoir d'en faire appel. Tous les autres professionnels de l'arbitrage soutiennent que c'est totalement faux et que l'analyse de M. Clay est farfelue. Mais ceux-là savent que, lorsqu'il ne dispense pas son immense savoir à ses étudiants ou à la Commission des finances, l'intéressé est le conseiller proche d'Arnaud Montebourg, pour lequel il a animé la Convention pour la VIe République, après avoir été le conseiller tout aussi proche de Ségolène Royal. Magnifique neutralité.

Quand on réfléchit à l'argumentation de ceux qui prétendent que l'arbitrage a été finalement obtenu par pression politique, on est obligé d'en déduire que les commentateurs ne se contentent pas de suggérer la partialité du pouvoir mais également celle des arbitres. Il ne suffit pas d'organiser la procédure, il faut en outre s'assurer par avance de la complaisance des personnes qui composent le tribunal arbitral.

Le rappel que j'ai fait des fautes de la Banque et de leurs conséquences suffirait à démontrer que ce soupçon est dénué de tout fondement. Je m'y arrête cependant pour rendre, une fois n'est pas coutume, justice à mes juges.

Tout le monde connaît Pierre Mazeaud comme un esprit indépendant. Issu d'une grande famille de juristes, juriste lui-même, il s'est fait remarquer du public par ses exploits d'alpiniste. Devenu député puis ministre, il manifeste toujours la même indépendance (en particulier à l'égard de Nicolas Sarkozy) malgré une amitié jamais démentie pour Jacques Chirac. Conseiller d'Etat, puis membre, puis président du Conseil constitutionnel, il bénéficie d'une réputation d'intégrité sans tache. Il a confirmé lui-même qu'il ne m'avait rencontré qu'à l'occasion de la levée de mon immunité parlementaire, voilà vingt ans, et qu'il l'avait défendue et votée.

Pierre Estoup, également arbitre, est un magistrat honoraire de tout premier plan puisqu'il a notamment présidé la cour d'appel de Versailles. Authentique spécialiste, celui-là, du droit de l'arbitrage, il était particulièrement qualifié, malgré les insinuations des sites de désinformation Mediapart et Bakchich, pour siéger au tribunal arbitral. C'est un arbitre de renom. Il est aujourd'hui mis en cause pour avoir déjà rendu des arbitrages dans lesquels mon avocat, Maître Lantourne, intervenait. C'est vrai, et c'est d'ailleurs parfaitement naturel. Il a ainsi participé à trois sentences arbitrales en dix ans où Maurice Lantourne conseillait l'une des parties et a perdu deux fois. Je rappelle que les règles applicables dans ce domaine ont fait l'objet de lignes directrices émises par l'International Bar Association (IBA), organisme regroupant les barreaux du monde entier. Elles ne recommandent un devoir de révélation que si l'arbitre a été désigné plus de trois fois par le même avocat ou par le même cabinet dans les trois années antérieures.

Ce rappel a fait l'objet d'une communication dans *Le Figaro* du 7 juin 2013 par Geneviève Augendre, présidente de l'Association française d'arbitrage, soutenue par les principaux représentants de l'arbitrage de la place de Paris dont Yves Derains, cité précédemment.

Mais le cas le plus flagrant de désinformation concerne le troisième arbitre, Jean-Denis Bredin. Il a été, comme avocat, l'associé de Robert Badinter. Son nom est lié à quelques-unes des affaires judiciaires les plus retentissantes. Sa morale est bien sûr exemplaire. Il a été élu à l'Académie française. Il s'agit donc d'une personnalité incontestable. Mais quelques journaleux se sont avisés qu'il avait été, comme moi, membre du Mouvement des Radicaux de Gauche, ce qui est bien la preuve, selon eux, d'une collusion... A la vérité, M. Bredin a bien été vice-président du MRG mais il y était quinze ans avant moi et il en a quitté les instances depuis très longtemps. Je ne l'y ai évidemment jamais vu. Je crois même, compte tenu de la réputation et de l'image sulfureuse que certains médias m'avaient faite, que s'il avait encore été membre du MRG en 1993 il n'aurait pas approuvé mon adhésion.

Voilà pour mes juges.

Reste, dans les commentaires, un dernier sujet de scandale. La sentence arbitrale a condamné le CDR à payer à mon épouse et à moi-même 45 millions d'euros au titre du préjudice moral. Qu'est-ce qu'on n'a pas entendu à propos de cette indemnité particulière ! Tous les commentateurs l'ont jugée énorme, ce qui est vrai je le répète, et surtout injustifiée. Certains éditorialistes à la petite semaine sont même allés jusqu'à sous-entendre ou écrire explicitement que mon nom était en quelque sorte incompatible avec la morale elle-même… Vous rendez-vous compte ? Un préjudice moral pour Bernard Tapie, c'est un peu comme un prix de vertu attribué à Al Capone !… Il s'est même trouvé un avocaillon pour essayer de se faire de la publicité en réclamant pour l'un de ses clients affecté d'un véritable préjudice moral la somme de 45 millions d'euros au prétexte que, si je les avais obtenus, tout le monde les méritait.

Je pourrais soutenir que, d'humiliations en vexations, de saisies en arrestations, de propagande en mensonges éhontés, mon épouse et moi-même avons effectivement subi un préjudice moral bien réel. Mais je ne chiffrerais pas moi-même sa réparation à 45 millions d'euros.

Mais sans cet intitulé de « préjudice moral », nous aurions été privés des plus beaux commentaires.

En premier lieu, ceux, désolants, des ignorants. Ne sachant pas du tout de quoi il retournait, nombre de journalistes ont cru utile et décent de comparer la somme que j'avais obtenue aux indemnités allouées à des victimes de la vie : familles ayant perdu un enfant, accidentés définitivement handicapés, sinistrés de catastrophes naturelles ou d'accidents industriels, etc. A toutes les personnes directement concernées par ces malheurs et visées par les comparaisons obscènes faites à leur propos, je veux présenter des excuses même si je ne suis en rien responsable des bêtises proférées sur les plateaux de télévision. Ces personnes ont pu croire de bonne foi qu'on m'avait accordé cinquante ou cent fois plus qu'à elles pour des réparations, alors que leur souffrance est irréparable. J'en suis sincèrement désolé. Mais les plus malheureux d'entre eux peuvent comprendre, même sans connaître les détails d'un dossier complexe, qu'il y a une différence entre la victime d'un accident parfaitement fatal et celui qui subit pendant si longtemps – vingt ans aujourd'hui – un acharnement sans précédent ayant pour objectif avoué son élimination, sa mort politique, sa mort économique, sa mort symbolique, et à la fin sa mort tout simplement. Comme il est arrivé à mon ami Pierre Bérégovoy.

Telle est la réalité de l'affaire qui m'a si longtemps opposé au Crédit Lyonnais. Tel est son dénouement bien trop tardif.

A défaut de convaincre ceux qui me condamnent avant de m'avoir écouté, j'ai voulu, en racontant le détail de cette affaire, attirer l'attention des lecteurs de bonne foi sur un fait paradoxal.

On reproche souvent à ceux qui font de la politique de profiter de leurs mandats électifs à titre personnel. Les cas d'enrichissement frauduleux sont malheureusement nombreux et encombrent la rubrique faits divers des journaux.

Cette affaire devrait me pousser à me tenir durablement à l'écart d'une activité qui m'a valu tant de désagréments et de déboires. C'est du moins ce qu'espèrent les gens, assez nombreux, qui n'ont pas envie de me revoir en politique. Ils l'espèrent mais n'en sont pas certains. Voilà ce qui explique la soudaine résurgence d'une « affaire » que l'on croyait dépassée. Je ne sais pas encore sur quoi débouchera l'agitation médiatico-judiciaire de ce début 2013. Je ne peux donc livrer, après le rappel de l'ensemble du dossier, qu'une conclusion très provisoire. Mais je veux, préalablement, dire en quoi le dossier Adidas est exemplaire de certains travers bien français.

2

UNE AFFAIRE EXEMPLAIRE

Des travers nationaux éclairés par le Lyonnais

Les procureurs, professionnels ou amateurs, qui tentent aujourd'hui relancer une affaire – qui, pour moi, est close depuis 2008 –, ont le souci, à les entendre, de faire un exemple. Leur but n'est donc pas de rechercher la vérité, d'atteindre l'équité, mais bien de transformer un dossier privé en exemple de ce qu'il ne faut pas faire et, par là même, de se montrer eux aussi exemplaires.

Et en effet, quel meilleur exemple qu'un litige impliquant ce Tapie, celui qu'on a désigné comme la figure emblématique des années 1980, qu'il s'agit aujourd'hui d'oublier ? Un dossier qui concerne un ancien ministre de François Mitterrand, ce président dont on convoque la mémoire quand elle peut être utile mais à l'égard de qui le moindre socialiste s'autorise un « droit d'inventaire », à l'image de Lionel Jospin qui pourtant lui devait tout. En pleine campagne présidentielle de 2012, tout le gratin hollando-socialiste s'était donné rendez-vous à Jarnac pour commémorer la mort de l'ancien Président. Un an plus tard, le pauvre Harlem Désir était seul pour déposer une gerbe. On aime le Mitterrand de 1981, comme Jaurès, comme Blum. Mais on s'est pris à détester celui de 1988-1995, devenu une sorte de Guy Mollet mâtiné d'Edgar Faure. J'ai le malheur d'avoir fait ma courte carrière politique dans la deuxième période. Je suis bon à donner aux chiens.

Mais c'est aussi faire un exemple que de chercher à atteindre Nicolas Sarkozy à travers ce dossier. On pourra s'étonner que les mêmes visent à la fois la mémoire de François Mitterrand et l'éventuel avenir politique de M. Sarkozy. C'est oublier que les moralisateurs n'aiment qu'eux-mêmes. Ils n'aiment ni la véritable morale ni la justice. Ce qu'ils reprochent à Sarkozy, parfois dans son propre camp, ce n'est pas sa politique et pas plus ses idées, c'est de n'avoir pas respecté les codes du milieu, d'avoir transgressé les règles de la vie politique traditionnelle. Il est de droite. Mais il aurait pu être de gauche, c'est avant tout un barbare.

Au-delà des personnes et des engagements partisans, le principal reproche qui m'est adressé tient à l'esprit de notre époque. Le temps est au pessimisme, à l'inquiétude, à la commisération de façade pour les plus démunis, et surtout à l'égalitarisme comme horizon. Je suis l'exact contraire de cette grisaille. J'ai la manie d'être optimiste et heureux. C'est une insolence dont il faut venir à bout. Pour l'exemple. Il se trouve que, moi aussi, je considère exemplaire l'affaire que je porte depuis vingt ans. Pour d'autres raisons.

Un Etat usurpateur

Le litige que j'ai eu avec le Crédit Lyonnais illustre à merveille une caractéristique nationale qui ne cesse d'étonner les observateurs étrangers. En France, l'Etat conserve beaucoup de pouvoir malgré la décentralisation, la construction européenne et la mondialisation. Il aime afficher cette puissance. Surtout, il la juge normale et très bien fondée car l'Etat a raison. A tout propos, à tout moment, face à n'importe qui, l'Etat a toujours raison. Cette évidence ne se discute pas.

On parle souvent, à propos du modèle étatique français, de jacobinisme. C'est faire beaucoup de crédit aux Jacobins qui n'ont pas détenu le pouvoir si longtemps et qui ont laissé de leur action des souvenirs mitigés. Mais il serait juste de balayer l'histoire de France plus largement pour constater que l'omnipotence et l'omniscience de l'Etat ont de nombreuses origines. C'est une très longue tradition.

Elle a pour conséquence la place extravagante de la haute fonction publique. Il est normal qu'on forme, comme on dit, les grands commis de l'Etat. Mais ceux qui ont appris à diriger les administrations centrales sont-ils les mieux préparés à diriger les grandes collectivités locales, les cabinets ministériels, les entreprises publiques et aussi les grandes entreprises privées ? Et sont-ils les mieux placés pour juger, depuis les juridictions administratives qui sont une autre particularité de notre pays, les agissements, et parfois les erreurs et les fautes, de leurs copains de promotion ? Cette situation anormale d'une haute administration (les énarques bien sûr, mais aussi les polytechniciens ou les normaliens) omniprésente n'existe, je le répète, dans aucun grand pays développé. Dans le plus puissant, les Etats-Unis, une telle dilatation de l'administration fédérale serait regardée, à juste titre, comme une hérésie et même comme un atteinte aux libertés.

La position centrale et éminente de notre administration d'Etat est « légitimée », au moins aux yeux de ceux qui en profitent, par une sorte d'équation qui n'est en réalité qu'un postulat. L'Etat serait seul dépositaire de l'intérêt général. Et ses hauts fonctionnaires seraient donc seuls à le représenter. Une association, une mutuelle, une entreprise, un syndicat, une collectivité locale, aucune de ces entités ne peut avoir un objectif d'intérêt général. Le bien public se confond avec l'Etat. Quel que puissent être le conflit ou l'opposition d'intérêts, l'Etat a nécessairement raison puisqu'il est seul à représenter le bien commun, l'intérêt supérieur et donc le juste et le vrai. Le plus amusant dans cette énorme escroquerie intellectuelle c'est qu'elle est presque toujours commise de bonne foi. Les hauts fonctionnaires ne doutent pas que leurs décisions, ou celles qu'ils suggèrent, sont les meilleures puisque les seules désintéressées.

S'il ne s'agissait que de moi, je m'amuserais de cette prétention démentie de toute part. Démentie d'abord par les faits quotidiens.

L'affaire que je résume par commodité sous l'intitulé « Crédit Lyonnais contre Tapie » a cependant illustré jusqu'à la caricature cette étrange conception de l'intérêt général.

D'abord, j'ai eu, moi aussi, « mon » inspecteur des finances en la personne de Jean-Yves Haberer, qui, comme souvent bien d'autres, s'est laissé griser par ses nouvelles fonctions. On les a nommés parfois sans aucune évaluation de leurs capacités et ils se prennent pour des capitaines d'industrie ou des financiers géniaux. Le résultat, souvent catastrophique, ne se fait pas attendre. Le système souffre en effet d'un vice fondamental. L'audace, les ambitions, les projets d'un chef d'entreprise sont limités par une règle simple, le principe de responsabilité. On est responsable de son propre capital pour les vrais patrons, responsable de l'argent des autres pour les grandes entreprises cotées en Bourse, responsable du résultat dans tous les cas, responsable aussi de l'emploi et du bien-être de tous les collaborateurs, responsable au total de l'image de l'entreprise. Mais à part quelques cas – Haberer et Messier en ont été – où de graves excès ont conduit leurs auteurs devant des tribunaux, les hauts fonctionnaires bombardés « patrons » bénéficient à l'inverse de la garantie d'irresponsabilité. On ne leur demandera jamais de comptes. Leur incompétence sera parfois sanctionnée par… une promotion. Mais dans le pire des cas, ils retrouveront le confort douillet de leur corps administratif d'origine.

Grave défaut d'optique

La place tout à fait anormale de l'Etat et de ses hauts fonctionnaires dans l'économie de notre pays a eu, en ce qui me concernait, une conséquence très importante : dès lors qu'on pose comme une réalité indiscutable que l'Etat ne peut pas avoir tort, on fait une évaluation nécessairement fausse des risques qu'il peut encourir.

On imagine facilement que le ministère de l'Economie et des Finances est doté de services juridiques particulièrement compétents. C'est vrai mais le raisonnement de ces services est boiteux par définition. Il y a à cela plusieurs raisons.

D'abord, c'est un autre particularisme français, notre administration est la seule à se juger elle-même. Pour l'essentiel, elle n'est pas soumise au pouvoir des juridictions judiciaires. De vieilles raisons historiques, qui n'ont plus aucune espèce d'actualité, ont amené les révolutionnaires à créer de nouveaux tribunaux. Entre les tribunaux administratifs, les cours administratives d'appel, le Conseil d'Etat, il s'agit de ce qu'on appelle les juridictions administratives. Les magistrats de ces tribunaux très particuliers sont, eux aussi, recrutés à la sortie de l'ENA. Il en résulte que les patrons des principales directions centrales des grands ministères savent que, si leurs décisions viennent à être contestées et même à produire du contentieux, ces litiges seront jugés par d'autres hauts fonctionnaires élevés, si j'ose dire, au même biberon, par des magistrats également persuadés que l'Etat représente seul l'intérêt général.

Cette observation ne signifie pas que les tribunaux administratifs seraient dépendants du pouvoir politique, dans sa main en quelque sorte. Au contraire, les juridictions administratives françaises sont réputées pour leur indépendance. Elle est d'ailleurs presque mécanique. En simplifiant l'exposé, c'est le Conseil d'Etat qui joue ici le rôle qu'a la Cour de cassation à l'égard des tribunaux judiciaires. Mais le Conseil d'Etat est aussi un vivier où le pouvoir va pêcher, à chaque alternance, les directeurs des cabinets ministériels et les conseillers les plus influents. Lorsque ceux-ci s'en vont exercer des responsabilités politiques à raison des opinions qu'on leur connaît, ils sont remplacés au Conseil d'Etat par ceux qui détenaient des responsabilités similaires dans la précédente majorité. C'est comme si les alternances politiques produisaient un effet de ressac inverse au sein de la Cour suprême des tribunaux administratifs, en sorte que certains ont pu dire que le Conseil d'Etat était toujours... dans l'opposition.

Et il est bien vrai que nos juridictions administratives sont globalement assez indépendantes par rapport à l'a priori sur lequel elles sont fondées : l'Etat a raison. Et lorsqu'il s'est trompé, lorsqu'il a commis une erreur ou même une faute, les tribunaux administratifs vont moins chercher à sanctionner qu'à réparer, à corriger. C'est précisément ces magistrats d'un genre très particulier qui sont sollicités pour donner un avis dans les cas où la responsabilité de l'Etat ou de ses « grands serviteurs » (c'était le cas pour le Crédit Lyonnais) pourrait être engagée. Leur pronostic est toujours le même : l'Etat ne risque rien puisqu'à la fin il se jugera lui-même. Tel est le « diagnostic » constant des services juridiques des grands ministères, en particulier Bercy. Je démontrerai que cette erreur d'évaluation peut être fatale, à partir d'un exemple qui ne me concerne pas. Il y a plus. On peut comprendre cette distorsion, ce regard biaisé lorsqu'il s'agit des bureaux centraux des ministères. Malheureusement, cette déformation a également cours au sein de services tels que ceux de l'agence qui gère les participations économiques de l'Etat, où on devrait pourtant savoir, puisqu'il s'agit d'appliquer là les règles du droit privé et non celles du droit administratif, que l'Etat ne bénéficiera pas automatiquement d'un traitement de faveur par les tribunaux judiciaires. Mais ces services sont atteints du même strabisme : des entreprises, et moins encore des particuliers, ne peuvent avoir gain de cause contre l'Etat.

C'est que les hauts fonctionnaires ont été longtemps habitués à une certaine docilité du pouvoir judiciaire. Pour les magistrats des tribunaux ordinaires, il a été longtemps inconcevable ou presque de condamner l'Etat. Beaucoup de justiciables ont pu vérifier qu'on n'avait presque jamais raison contre l'Administration. C'était devenu une sorte de fatalisme. Comme dans ces fables où le lion ou le loup l'emportent toujours sur les autres animaux, la raison du plus fort était toujours la meilleure.

Cet état de fait a changé. Je ne dispose pas ici d'assez de temps ni de place pour analyser toutes les causes de ce changement. Pour être honnête, disons aussi que je ne les connais pas toutes. Mais les citoyens ont pu observer, en particulier dans les trois dernières décennies, que la marge de confort judiciaire dont bénéficiait l'Etat s'était sensiblement réduite. Il n'y a plus d'immunité administrative. On peut même dire – et on peut le déplorer – que l'action publique pâtit au contraire d'un préjugé inverse. La révolte de ceux qu'on a appelés « les petits juges », l'affaiblissement de leur statut social, la gourmandise nouvelle des médias pour les affaires judiciaires, le narcissisme de certains magistrats, tous ces facteurs ont contribué à installer dans notre pays une sorte de justice-spectacle mise en scène par un couple infernal, celui que forment quelques juges et quelques journalistes, qui a transformé l'information du public en une espèce de prétoire. Certaines ouvertures de journaux télévisés sont très révélatrices de cette évolution. Qu'il s'agisse de politique, d'économie, de sport ou même d'affaires internationales, on a parfois l'impression que l'actualité se résume à un interminable inventaire de soupçons, de mises en examen, de réquisitions et de sanctions pénales. Par ailleurs, les chaînes de télévision multiplient les émissions judiciaires jadis réservées aux grands faits divers. C'est au point que le premier téléspectateur venu se transforme en expert de la procédure pénale et de l'institution judiciaire ; nous avons ainsi des millions d'apprentis procureurs.

Dans ce nouveau système médiatico-judiciaire, des juges d'instruction (très minoritaires, heureusement) et des journalistes spécialisés, du moins d'après eux, dans l'investigation se sont entendus pour mettre au rancart la vieille notion de secret qui garantissait une justice équitable et sereine. On peut être ainsi condamné devant l'opinion publique bien avant de comparaître devant un vrai tribunal. Mais pour que les héros de ce feuilleton soient valorisés à la mesure des services qu'ils se rendent mutuellement, il faut qu'ils apparaissent aussi comme des chevaliers blancs. Et le meilleur moyen de se faire valoir est bien désormais de s'en prendre aux puissants. Aux élus, aux ministres, aux présidents. Un responsable politique est aujourd'hui d'abord un suspect. Si d'aventure il est coupable de ce qu'on lui reproche, c'est immédiatement la curée. Ceux qui ont suivi l'interminable et lamentable affaire DSK ont pu vérifier qu'on ne jugeait pas un homme mais son pouvoir, ses projets, son image, la richesse de son épouse, etc.

Mais si le puissant ainsi incriminé est mis en cause sur la base de simples rumeurs ou d'accusations fantaisistes, c'est encore à lui de se disculper. C'est le monde à l'envers !

Cette évolution de la justice vers une sorte de music-hall a des conséquences sur le phénomène que je dénonçais, celui de l'immunité judiciaire de l'Etat et des décideurs publics. C'est un vrai retournement qui s'est produit, et malheureusement les hauts fonctionnaires n'en ont pas encore pris la mesure : aujourd'hui, si l'Etat s'aventure devant une juridiction judiciaire, il ne bénéficie pas d'une aura particulière mais supporte plutôt un soupçon sur son impartialité. Au mieux, devant un vrai tribunal composé de vrais magistrats, l'Etat et ses grands commis ne jouissent plus de leur réputation de défenseurs exclusifs de l'intérêt général.

Ai-je, pour ma part, profité ou pâti de cette évolution ? L'un et l'autre. Elle m'a été défavorable puisque dans les innombrables querelles judiciaires qu'on m'a cherchées, j'ai été lesté d'une réputation de puissant. J'étais donc une cible idéale, ce qu'a finalement reconnu le procureur de Montgolfier. On ne jugeait pas mes actes, mais mon image. Et c'est ainsi que j'ai été souvent proclamé coupable avant tout jugement par certains journalistes et certains juges d'instruction d'abord soucieux de leur propre image. Cependant, je dois dire que, à l'exception de l'affaire OM/VA, j'ai toujours eu à me féliciter, à la fin, de l'impartialité des vrais tribunaux. A travers le Crédit Lyonnais, ses filiales et ses combines, c'était bien à l'Etat que je m'opposais. Je n'avais donc pas beaucoup de chances de l'emporter. Et pourtant j'ai gagné. Devant les tribunaux correctionnels chargés de juger des infractions imaginaires. Mais aussi devant les juridictions civiles qui ont eu à trancher, avant même la décision du tribunal arbitral, un litige entre un simple particulier et une ex-très grande banque publique. J'ai donc pu vérifier personnellement que l'Etat ne bénéficie plus de son ancienne immunité.

Au-delà de l'immunité, l'impunité

Dans tous les cas, c'est le principe d'irresponsabilité qui triomphe. Dans ce qu'il faudrait appeler la vraie vie, celle des chefs d'entreprise, du plus petit artisan à l'authentique patron de grosse boîte, mais aussi celle de leurs salariés, ingénieurs, cadres ou modestes employés, les fautes se paient. Quelquefois très cher, par un licenciement ou par une faillite. Sans aller jusqu'à ces extrémités, on est toujours obligé de rendre des comptes. Même dans le sport, celui qui a fourni une prestation au-dessous de ses capacités sait qu'il devra affronter, après la rencontre, le regard, le jugement et peut-être la sanction de ses dirigeants, de son entraîneur et d'abord de ses coéquipiers, que l'équipe soit celle d'un petit club amateur ou celle de professionnels prestigieux. Tout comme le mérite est récompensé, la défaillance est sanctionnée.

Rien de tel n'existe dans la haute fonction publique. Chaque fois que l'on veut instituer une reconnaissance du mérite ou une évaluation des fautes dans la fonction publique, on voit en tout premier lieu les hauts fonctionnaires se mobiliser, au nom disent-ils des grands principes républicains, pour expliquer que de telles appréciations seraient contraires à l'idée d'égalité. Et c'est d'abord à eux-mêmes que les grands corps de l'Etat appliquent cette règle d'irresponsabilité. L'action administrative proprement dite est par nature (en fait par privilège) dépourvue de sanctions, et les fautes les plus graves des décideurs publics ne peuvent déboucher que sur une condamnation de l'Etat lui-même. La responsabilité de l'agent n'est que très exceptionnellement sanctionnée. C'est l'Etat qui paie. C'est donc aux citoyens de régler les conséquences des agissements qu'ils ont subis.

Executive Life : une affaire révélatrice et décisive

On pourrait croire que je plaide pour moi-même, que je prêche pour ma chapelle lorsque je décris les maux qui affectent notre sphère de décision publique.

Mais je veux prendre un autre exemple que le mien pour démontrer à quel aveuglement peuvent conduire ces habitudes d'omnipotence irresponsable. Il s'agit de l'affaire Executive Life qui concerne également le Crédit Lyonnais. Je l'ai évoquée rapidement car les révélations qu'elle a apportées et les sanctions qu'elle a entraînées ont été décisives dans l'avancement de mon dossier. Mais surtout, cette affaire a révélé à quel point extrême pouvait être porté le défaut de clairvoyance de l'Etat français ou des grandes entreprises de notre pays.

Les faits sont aujourd'hui bien connus ; je les ai résumés plus haut. Lorsqu'une très grosse société d'assurances, la plus importante de Californie, bat de l'aile au point d'être au bord de la faillite, l'Etat californien décide de la racheter pour éviter un désastre financier pour les nombreux assurés qui lui ont fait confiance.

Première différence entre notre système et la culture politique américaine, on estime là-bas que les institutions publiques n'ont pas à stationner dans le domaine de l'économie. L'Etat de Californie, qui n'est intervenu que comme un garde-fou, cherche aussitôt à revendre la société Executive Life Insurance Company qu'il a achetée. Il n'y a pas là-bas de secteur hybride à mi-chemin du public et du privé.

A l'Etat fédéral, aux Etats fédérés, aux comtés la responsabilité des services publics. Aux entreprises celle des affaires privées. C'est une première règle que le Crédit Lyonnais ne comprend pas. Pour un prédateur financier aventureux comme l'est alors cette banque nationalisée, la compagnie d'assurances californienne semble être une proie juteuse.

Mais les Américains ont d'autres règles. Ils croient au libéralisme véritable et se méfient donc de toutes les concentrations d'entreprises qui peuvent fausser la concurrence et donc gêner le libre choix des consommateurs. C'est la logique de leurs fameuses lois anti-trust. Ils ont, dans le cas d'espèce, posé une règle ancienne : une banque n'a pas le droit de détenir une société d'assurances. Et celui qui enfreint cette interdiction est passible de sanctions pénales.

Pour croquer Executive Life, la banque nationalisée, dirigée par des hauts fonctionnaires irréprochables, va donc décider de tricher, probablement avec l'assentiment – au minimum une absence totale d'opposition – de ses administrations de tutelle. Sont-ils bêtes, ces Américains ! Le Crédit Lyonnais n'a pas le droit d'acheter une compagnie d'assurances ? Puisqu'il s'agit d'enfantillages, ce sera un jeu d'enfant de contourner l'interdiction. Il suffira, comme dans une blague de potache, de se déguiser, de mettre un faux nez. Le Crédit Lyonnais procède alors à l'un de ces montages dont il est coutumier.

Il crée, en interposant quelques sociétés-écrans dissimulées dans les paradis fiscaux qu'il affectionne, un faux investisseur. City Corp et sa filiale City Star ont l'air d'être indépendants. Ce sont de pures créations du Crédit Lyonnais et de sa filiale Altus Finance. Les faux acheteurs offrent un peu plus de 3 milliards de dollars, et le tour est joué. Du moins, c'est ce qu'ils croient.

Un simple grain de sable peut enrayer les engrenages les plus ingénieux et il faut dire que le montage du Lyonnais, loin d'être ingénieux, est assez grossier. A force de mauvaises manières, la Banque s'est mis à dos un certain nombre des clients qu'elle a dupés. L'un d'eux est au courant de la fraude commise par le Lyonnais. Et il la dénonce au procureur de Californie.

En France, une affaire comme celle-là serait sans gravité. On l'arrangerait au niveau diplomatique et on donnerait à la justice des instructions appropriées : pas de vagues ! Pensez, une banque publique, des tutelles ministérielles, le fameux « intérêt général », le dossier serait vite enterré. Mais la justice américaine, qu'on critique si souvent – et quelquefois à juste titre – pour sa brutalité et ses aspects spectaculaires, a d'autres habitudes que la justice française. Un procureur n'obéit pas à Washington ou à un ministre, et encore moins à des Français qui croient pouvoir le traiter avec arrogance. En l'occurrence, le procureur Isaac est décidé à faire la lumière sur cette affaire étrange.

A cette époque, mes démêlés avec le Crédit Lyonnais sont déjà notoires. Le magistrat californien décide donc de me convoquer pour m'entendre à propos des méthodes de la Banque. Je me rends en Californie en compagnie de mon avocat, Maurice Lantourne, qui s'est adjoint les services d'un confrère américain. Je crois alors que je vais participer à une réunion de travail informelle, à un échange d'informations. Je suis détrompé dès mon arrivée puisqu'il est prévu que je serai entendu le lendemain devant un « grand jury » et sous la foi du serment. Je suis encore assez naïf à cette époque pour penser qu'il ne m'appartient pas d'accabler une banque française et son ministère de tutelle devant un tribunal étranger. Je décide donc de me faire représenter par mon avocat et j'obtiens de Patrick Le Lay, ami de longue date, qu'il m'envoie un message urgent sur la nécessité de mon retour sans délai à Paris afin de mener à bien une affaire avec TF1. J'ai échappé à l'obligation de déposer, mais Maurice Lantourne n'y coupe pas. Cependant, l'homme est malin et bon connaisseur des dédales de procédure. Il sait que la justice américaine détient, contrairement à ce qu'on voit en France, un pouvoir d'investigation sans limites. Plutôt que de livrer le détail de ce qu'il sait déjà ou de courir le risque d'être parjure, il suggère au procureur de demander à City Star, le masque du Lyonnais, et à François Pinault, qui est associé de la Banque dans cette affaire, de lui communiquer leurs informations sur le montage financier de l'affaire.

Même sans enthousiasme, City Star et le groupe Pinault sont obligés de s'exécuter. Et le résultat de leurs déclarations et communications de pièces est accablant pour le Lyonnais puisque, pour ne pas encourir de sanctions plus graves, Pinault reconnaît que City Star est totalement une créature de la Banque. Les jeux sont faits, et la condamnation du Lyonnais est certaine. Pourtant, Peyrelevade, qui a succédé à Haberer, initiateur de l'opération, mais qui connaît bien le dossier, s'entête à nier l'évidence (ça ne vous rappelle rien ?) : le Crédit Lyonnais n'a rien à voir avec Executive Life. Il va même jusqu'à menacer de poursuivre en diffamation ceux qui oseront soutenir le contraire.

Il en faut beaucoup moins pour exaspérer un magistrat américain indépendant. Devant tant d'imprudence, le procureur Isaac menace de sanctions pénales le Crédit Lyonnais, ses dirigeants passés et actuels, et aussi les responsables publics français qui ont laissé commettre l'infraction en toute connaissance de cause. Il y a le feu. Il faut éteindre l'incendie. Sur injonction du ministère de l'Economie, le Crédit Lyonnais accepte la transaction proposée par le magistrat. Il oublie Executive Life, cette magnifique entreprise, qui s'évapore malgré les 3,25 milliards de dollars qu'elle a coûtés. Il accepte en outre, pour échapper à toutes autres poursuites, de payer une amende transactionnelle qui s'élèvera finalement à 1 milliard de dollars. Et Peyrelevade accepte lui aussi de transiger et donc de payer le prix de ses mensonges éhontés. 500 000 dollars, cinq ans de mise à l'épreuve et trois ans d'interdiction de séjour aux Etats-Unis. C'est assez cher payé pour un homme d'une si haute moralité.

Cette affaire, je l'ai dit, sera décisive pour moi, puisque le montage – sociétés-écrans et investisseur bidon – est exactement le même (avec l'imprudence supplémentaire d'avoir mis en jeu le même leurre, City Star) que celui utilisé pour me dérober Adidas. Elle montre aussi incidemment et contrairement à tout ce qui a été dit sur la solution d'arbitrage qui m'a été appliquée que le Lyonnais sait transiger à l'occasion. Mais seulement quand il y est contraint.

Mais l'intérêt du litige Executive Life dépasse largement le dossier Adidas-Lyonnais. L'affaire démontre qu'à force de cultiver, comme des spécificités nationales et même des qualités de notre administration, les plus graves défauts de notre système de décision, l'Etat s'expose, face à des adversaires qui jouent à la loyale, aux plus graves condamnations. Dans cet épisode américain, le Lyonnais, c'est-à-dire, je le répète, le contribuable, a payé plus de 4 milliards de dollars, et je n'ai encore entendu aucun des professeurs de morale publique qui me poursuivent faire son mea culpa.

En guise de conclusion

Noirs desseins ou grandes ambitions ?

On a pu s'étonner – j'ai moi-même été le premier surpris – du retour au premier niveau de l'actualité de ce dossier Adidas-Lyonnais que chacun croyait soldé.

C'est en effet étonnant, mais j'ai pris l'habitude, à force d'expériences diverses heureuses ou malheureuses, de ne pas croire au hasard. Et je retrouve, dans les développements récents de cette affaire, mes vieux adversaires coalisés, si nombreux que je ne parviens pas à « gober » qu'une simple coïncidence aurait tout à coup réuni, comme dans une amicale d'anciens combattants, les militants d'un vieux front anti-Tapie.

Je pense avoir donné, dans ce petit ouvrage, assez de détails, assez de preuves, assez de citations autorisées pour que le lecteur de bonne foi range parmi les sornettes les accusations portées contre moi. Non, je n'ai pas volé l'argent qui m'a été finalement attribué. Non, je n'ai pas récupéré la totalité de ce qui m'avait été dérobé par le Crédit Lyonnais. Non, je n'ai pas coûté un sou au contribuable à qui j'ai au contraire rapporté beaucoup. Non, je n'ai pas bénéficié d'un traitement de faveur. Non, je n'ai pas échangé mon soutien politique contre une décision juridictionnelle.

Mais s'agit-il du passé dans cette soudaine réapparition du dossier Adidas ? Je suis persuadé du contraire : c'est l'avenir qui est en cause. L'avenir de qui ? C'est encore difficile à dire mais, à ce stade, je ne peux qu'avancer une ou deux hypothèses qui me serviront de conclusion ouverte. Ouverte car l'avenir n'est jamais totalement écrit. Quoi qu'en pensent ceux qui me prédisent le pire, je suis, pour ma part, bien décidé à continuer de les contredire. C'est ainsi, lorsqu'on a la chance d'être assez fort pour vivre, on n'aime pas trop entendre prédire sa propre fin. J'ai encore mille envies. Je ne suis dupe de rien. Ma fin est sans doute programmée comme celle de tout un chacun. Mais en l'attendant sereinement, je vais encore gêner tous ceux qu'effraient le mouvement et la vitalité.

Christine Lagarde, cible en trompe-l'œil ?

Dans toute l'agitation qui s'est réveillée autour d'un arbitrage rendu voilà plus de quatre ans, la cible apparente des agitateurs est à l'évidence Christine Lagarde puisqu'elle est seule visée nommément par une procédure judiciaire en cours, celle de la Cour de justice de la République.

Mme Lagarde sait qu'elle n'est pas véritablement visée. C'est pourquoi elle s'en tient à une ligne de défense ultra-simple. Comme je l'ai rappelé, elle se défend d'être ma « copine » et pense que cette seule prise de distance suffit à l'exonérer de tout soupçon d'être intervenue en ma faveur. Elle soutient en outre qu'elle a pris seule la double décision de soumettre le litige Adidas-CDR à l'arbitrage et de ne pas contester, au nom de l'Etat, la sentence arbitrale. Or si elle n'a pas reçu d'instructions, ce que je crois, il est bien certain qu'elle n'a pas agi à l'insu de l'Elysée ni de Matignon. Sollicité par la presse, Claude Guéant a d'ailleurs reconnu que la présidence de la République était évidemment informée de l'évolution de ce dossier. Si nul n'a donné d'ordres à Christine Lagarde pour agir ainsi, il est tout aussi certain qu'elle n'a pas reçu d'ordres inverses.

Il me semble aussi que Mme Lagarde est plus avisée que ne le croient ceux qui la tiennent pour quantité négligeable et qu'elle n'a aucune envie de figurer parmi les dommages collatéraux d'une action dirigée contre d'autres. C'est pourquoi je prédis qu'elle passera bientôt à l'offensive pour confondre ceux qui l'accusent.

Je rappelle, même si tout le monde le sait, qu'elle est directrice générale du FMI. Pour le coup, sa fonction a quatre conséquences directes dans ce dossier. D'abord, il n'est pas certain, après l'affaire DSK, que le FMI, institution qui ne cesse de gagner en influence et en indépendance à la mesure de la crise mondiale, accepte d'être de nouveau déstabilisé par la mise en cause de sa patronne et pour des motifs strictement franco-français. On peut raisonnablement parier sur une vive réaction de l'institution. Et cette réaction suppose, c'est la deuxième conséquence, la mobilisation de l'armée de juristes dont dispose le FMI, des professionnels sans doute un peu plus compétents et plus familiers, comme Mme Lagarde elle-même, du droit commercial international, que nos parlementaires procureurs, nos journalistes investigateurs ou nos universitaires bonimenteurs. Comme dans l'affaire Executive Life, on risque bien d'assister une nouvelle fois au choc de deux cultures politiques et juridiques, et je ne suis pas certain que notre vision étroitement nationale l'emporte.

On peut déduire de là deux autres conséquences qui sont, l'une et l'autre, des défaites pour la France. Quelle que soit l'issue de la procédure menée contre Christine Lagarde – et pour ma part, je suis persuadé qu'elle sera favorable à l'ex-ministre –, l'influence de la France en sera affaiblie si c'est toujours de chez nous que le scandale arrive. Au FMI, ou à la Banque mondiale, ou encore à l'OMC que le Français Pascal Lamy va quitter dans quelques mois, nos partenaires étrangers ne seront sans doute plus très enclins à désigner à l'avenir des dirigeants français. Nous aurons payé de cette perte d'influence la volonté de conduire de minuscules règlements de comptes strictement français. Enfin, et cette dernière conséquence n'est semble-t-il envisagée par personne, la contestation de la sentence rendue dans l'affaire Adidas va considérablement affaiblir la position, jusque-là très éminente, de ce qu'il faut appeler l'école française de droit de l'arbitrage. Dans ce segment du droit très particulier mais très important par les enjeux, les praticiens et les universitaires français avaient acquis une réputation universelle et incontestée. En droit international des affaires, les règles procédurales élaborées à Paris étaient la référence unique dans tous les grands litiges. Et les observateurs concernés, grandes entreprises, juristes internationaux, Etats étrangers, constatent aujourd'hui que, pour une affaire somme toute mineure au regard des intérêts habituellement tranchés par les juridictions arbitrales, on va, pour de sombres motifs micropolitiques français, contester l'arbitrage comme procédure soudain devenue « anormale », contester aussi une sentence arbitrale définitive, faire peser des soupçons sur le tribunal arbitral et chercher, par des perquisitions domiciliaires ou des saisies de documents, à faire peser le soupçon sur les juges arbitraux eux-mêmes. On voudrait ruiner l'édifice français de droit de l'arbitrage qu'on ne s'y prendrait pas autrement. Beau bilan intermédiaire.

C'est à raison de tous ces enjeux que je prévois une assez vive réaction de Christine Lagarde et des juristes qu'elle mobilisera.

Elle devra, pour l'essentiel, démontrer qu'elle a agi exactement dans le cadre et dans les limites de ses fonctions. Cette démonstration est assez facile à faire.

D'abord, elle n'aura pas de peine à prouver qu'elle a rompu avec la très mauvaise et très coûteuse habitude que je dénonçais plus haut, celle de toujours reporter les décisions à prendre, de façon à en faire peser la responsabilité sur les successeurs. Elle avait en quelque sorte hérité de ce dossier. N'y étant pour rien, elle aurait pu céder à la facilité et renvoyer toute décision à une date ultérieure. C'était la facilité... et la tranquillité garantie. Mais cela aurait été aussi une erreur puisque, depuis plus de quatorze ans que cette affaire avait commencé, la note prévisible pour l'Etat ne cessait de s'alourdir et que de nouvelles tergiversations n'auraient pas manqué de l'aggraver. Il fallait trancher. Elle l'a fait et, par cette décision, elle a protégé l'intérêt de l'Etat en lui évitant au moins de nouveaux frais financiers et le coût de nouvelles procédures.

Elle a aussi protégé l'Etat à mon détriment, et c'est sans doute l'aspect le plus important. Car elle avait pris la véritable mesure de la portée de l'arrêt rendu par la Cour de cassation, une décision que j'ai déjà détaillée. Contrairement à la présentation caricaturale qui en a été faite, cet arrêt ne cassait celui de la cour d'appel que sur un point marginal que la cour d'appel avait soulevé elle-même. La cour de cassation n'avait rien trouvé à redire aux motivations de la cour d'appel, reprises et soulignées par le procureur général et par son propre rapporteur, sur les deux fautes de la Banque et de ses filiales, à savoir le manquement à l'obligation de loyauté et la transgression de la stricte interdiction faite au mandataire de devenir l'acheteur. Ces deux fautes étant avérées et déjà reconnues par plusieurs décisions judiciaires, je restais libre après la cassation de demander l'annulation rétroactive de la vente ou, à défaut, le versement de dommages et intérêts équivalant au prix actualisé en 2008 de la société Adidas. Pour le coup, le prix à payer par le CDR, et en fait par les contribuables pour les fautes du Lyonnais, aurait été astronomique.

Il a été dit aussi que les instructions qu'elle aurait données à ses services et surtout aux représentants de l'Etat au sein de l'EPFR, structure publique de surveillance du CDR, auraient été exécutées contre l'avis personnel de ceux qui les recevaient... Cet argument est particulièrement étrange. Un fonctionnaire n'est jamais tenu d'obéir à un ordre qu'il juge illégitime. Or on ne trouve aucune trace écrite, en particulier dans les comptes rendus des réunions de l'EPFR, de la moindre réticence des personnes ayant reçu les instructions de la ministre. Il y a mieux, puisqu'un agent public est tenu par le code de procédure pénale de porter à la connaissance du procureur les infractions dont il aurait eu connaissance dans l'exercice de ses fonctions. Là encore, rien de tel malgré les accusations qu'on cherche aujourd'hui à faire peser sur Mme Lagarde. Nul n'a protesté, nul n'a dénoncé. La presse spécialisée dans les scandales montés de toutes pièces fait seulement état... d'une lettre anonyme très opportunément emballée dans une enveloppe à l'en-tête de Bercy, c'est-à-dire expédiée par n'importe qui.

Mais il ne m'appartient pas d'avancer les arguments de la défense de Christine Lagarde, et je répète que je la crois très capable de contre-attaquer plus vigoureusement que ne le pensent ceux qui la mettent en cause. Pour moi, la décision qui sera prise à son égard restera sans influence sur la sentence arbitrale. Je n'irai donc pas plus loin dans cette argumentation puisque, rappelons-le, ce n'est pas ma copine.

La résurgence du dossier Adidas

Je l'ai dit en commençant ce livre, l'affaire Adidas-Lyonnais semblait classée, archivée, passée au compte de pertes et profits de la haute administration française. J'y reviens en conclusion pour dire que nul n'est dupe de la soudaine réapparition de ce dossier au premier rang de l'actualité. Elle s'accompagne – mais c'est un aspect tout à fait secondaire – de ma renaissance dans la galerie des personnes les plus caricaturées de notre pays. Il ne se passe pas un jour sans qu'on me présente, ici et là, comme un acteur de *Borsalino* lorgnant sur Marseille en même temps qu'il convertit en gourmettes d'or massif les sommes gagnées grâce à la complicité de Nicolas Sarkozy.

Mieux vaut prévenir ceux qui cherchent là un moyen de nuire à l'ancien président. On ne l'attrapera pas par cette affaire-là.

Est-ce qu'on pourrait se contenter de m'attraper, moi ? Certainement pas. Je n'ai ni la vanité ni la paranoïa de croire que je suis au centre du viseur du pouvoir. Mais il est connu que, faute de grives, on mange des merles.

L'émoi qu'a provoqué dans le milieu (à tous les sens du terme) politique marseillais mon retour en Provence lors du rachat des titres du groupe Hersant a pu rencontrer quelques échos du côté de l'actuelle majorité. Je l'ai déjà dit pour Môssieur Montebourg qui ne compte pas. Mais d'autres peuvent s'émouvoir. Il ne s'agit plus de pétanque mais, redisons-le, Tapie à Nice, à Toulon, à Ajaccio et surtout à Marseille, c'est comme un chien dans un jeu de quilles. Tout ce petit monde – droite, gauche, milieux d'affaires, milieu tout court – jouait si tranquillement ; qu'est-ce que je viens donc faire là ?

J'ai déjà eu à m'expliquer mille fois sur l'intérêt que je porte à la presse du midi de la France. J'ai déjà dit mille fois qu'il ne pouvait y avoir de lien entre cette acquisition et un quelconque projet politique municipal à Marseille.

Ça ne suffit pas ? D'accord. Je répète donc qu'on ne gagne pas une élection locale en achetant le journal local. Je redis que je n'ai pas, pour l'heure, de projet politique à Marseille. Je m'engage, si je venais à en nourrir un, à céder mes intérêts dans la presse méridionale. Et je rappelle à tous ceux qui feignent de ne pas l'avoir entendue la farouche hostilité, une hostilité expérimentée, de mon épouse à l'égard de tout nouvel engagement politique de ma part.

Et lorsque j'aurai dit et répété tout cela, je déclare aussi que personne ne pourra m'empêcher d'aimer Marseille, d'aimer la Provence, d'aimer l'Olympique de Marseille, d'aimer les Marseillais, d'aimer la jeunesse de cette ville autant et même plus que ses grandes traditions d'échange et d'ouverture sur le monde. Lorsque je présidais l'OM et que j'étais élu de Marseille, mes adversaires déjà nombreux avaient coutume d'affirmer que je ressemblais à cette ville et à son club : fantasque, hâbleur, imprévisible. Eh bien oui, je suis comme ça ! Contrairement à d'autres, je n'ai pas honte de cette ressemblance. Je n'ai pas honte de l'affection que je porte à Marseille, et que ses habitants me renvoient.

Il arrive qu'on ait l'impression de revenir par hasard chez soi. C'est le sentiment que j'ai eu lorsque j'ai découvert Marseille, la belle, la méditerranéenne, la ville faite, comme un feu d'artifice, d'ombre et de lumière.

Et je le dis à tous, aussi longtemps qu'il s'agira de crier « fier d'être Marseillais », on ne me fera pas taire… surtout pour dire : « JE NE FERAI PLUS JAMAIS DE POLITIQUE. »

Table

Préambule

Première partie : Adidas, l'affaire de ma vie

Deuxième partie : La saga judiciaire

Troisième partie : L'arbitrage

En guise de conclusion

Composition et mise en page

NORD COMPO
multimédia

Impression réalisée par

BRODARD & TAUPIN

La Flèche (Sarthe)
en juillet 2013

N° d'édition : 14961
Dépôt légal : juin 2013
N° d'impression : 3001571